KB142058

초등
자존감을 높여주는
영어 공부법

이 책을 소중한

_____님에게 선물합니다.

_____ 드림

저절로 영어 실력이 오르는 아이들의 비밀

초등 자존감을 높여주는

영어 공부법

박은미 지음

위닝북스

기적의 영어 공부법은 없다!

중이 제 머리 못 깎는다는 말이 맞다. 나는 다른 아이들 영어는 가르치면서 정작 내 아이 영어 공부는 시키지 않고 있었다. 현실은 당연히 알아서 잘할 것이라는 주변의 기대와는 사뭇 달랐다. 주변에서는 아이가 한글을 배우기 시작할 무렵 영어를 같이 써서 아이를 이중 언어자로 만들어 보라고 했다. 하지만 나는 엄마표 영어 코칭 수업을 진행하면서도 정작 내 아이는 가르치지 않고 있었다.

나는 오히려 수학이 더 걱정스러웠다. 내가 수학을 너무나도 못했기 때문이다. 남편도 수학에는 그리 관심이 없었다고 했다. 아이는 나 아니면 남편을 닮을 테니 유전자의 강력한 힘에 의해 수학을 못하게 될 운명의 수레바퀴에 짓눌리게 될 게 뻔해 보였다.

덜컥 걱정이 되었다. 그래, 지금이라도 내가 수학을 공부해서 아이를 가르치자 마음먹었다. 그렇게 멘사 창의력 수학 수업을 들으면서 자격증까지 땄다. 하나둘씩 수학 교구며 보드게임을 사 모았다. 창의니 연산이니 지금 이 시기에 꼭 해야 할 것들이 그리 많다는 것에 놀라기도 했다. 하지만 그것들을 내 아이에게 적용하진 못했다. 아이가 아무 관심이 없었기 때문이었다. 아직 어려서 이해하지 못하는 부분도 있었겠지만 그냥 아이가 관심이 없으니 나 역시 시들해져 버렸다. 나는 아이의 관심을 어떻게 끌어야 할지도 몰랐다. 이런 작은 어려움에도 쉽게 포기해 버릴 만큼 나는 수학을 좋아하지 않았던 것이다. 그 시간들을 통해서 오히려 수학에서 조금 더 멀어졌다.

똑같은 케이스들을 엄마표 코칭 수업에서 볼 수 있었다. 엄마들은 계속해서 새로운 정보와 공부 방식에 대해 알아오고 궁금해했다. 알 수 없는 미지의 영어 영역에 대한 불안함은 엄마들을 끊임없이 움직이게 하는 원동력이 되고 있었다. 심지어 어떤 방법들은 걱정스러울 정도로 맞지 않아 보였다. 좋은 방법이라고 해도 검증되기까지 시간이 너무 오래 걸렸다. 그동안 많은 엄마들과 아이들이 불안해하며 괴로워하고 있었다.

그런 가운데 어디선가 획기적인 기적의 영어 공부법이 있다고 하면 모두들 우르르 몰려갔다. 또 다른 곳에서 지금까지 해온 영어 공부법은 틀렸다고 외치면 또 그쪽으로 우르르 몰려갔다. 이 정도쯤 되면 영어가 아니라 인성 교육을 받아야 하는 것이 아닐까 싶을 만큼 다른 방식의 공부법을 비난하고 몰아세웠다. 이리저리 휩쓸리며 다치는 것은 언제나 아이들이고 엄마들이었다.

결과적으로 잘된 케이스만 조명을 받았고 적응하지 못하거나 해내지 못한 사람들은 목소리를 내지 못했다. 나는 점점 이런 모습들을 지켜보는 것이 불편해졌다. 가장 큰 상처를 받고 중요한 시기를 놓쳐버리게 되는 피해는 오롯이 아이들의 몫이었다. 내가 부족함에도 불구하고 이 책을 써야겠다고 마음먹은 이유가 바로 이것이다.

될 놈은 어떤 방법으로 어디서 어떻게 공부를 해도 된다는 뜻의 '될놈될'이라는 말이 있다. 공부방법보다 누가 하느냐에 따라 결과가 달라진다는 말이다. 나는 어느 정도 맞는 말이라고 생각한다. 영어 사교육 현장에서는 주기적으로 늘 새로운 방법이 나온다. 미친 듯이 읽고 독하게 하면 모두가 원어민처럼 영어를 한다고 한다. 이게 말이 될리 없는데도 불구하고 모두들 혹시나 하는 마음으로 책을 집어 든다. 그렇게 또 하나의 영어 공부법 베스트셀러가 탄생한다. 내 책장에도 기적의 영어 공부법 책들이 여러 버전으로 있다. 독하게 1년 하고 단어 몇 개만 정확히 알면 영어를 마스터할 수 있다고 외치는 궁극의 영어비법서에 비하면 내 책은 한없이 초라해 보이기까지 한다. 나는 안타깝게도 그런 기적의 방법을 알지도 못하거니와 그런 방법으로 영어를 마스터하지도 못했다.

이 책은 누구나 할 수 있는 방법으로 꾸준히 공부하자고 하는 것이다. 다만 그 시간 동안 힘들고 지루하지 않게 조금 더 효과적으로 공부할 수 있는 방법들에 대해서 이야기할 뿐이다. 그리고 영어 공부에 있어서 아이의 성향과 자존감을 함께 생각해야 한다는 말을 하고 싶었다. 그러니 내 아이의 자존감을 높여 주는 기적의 영어 공부법이 궁금해서 이 책을 펼쳤다면 미리 죄송하다고 말하고 싶다. 그런 공부법은 없다. 만약 기적의 공부법을 알고 있다면 나에게 가르쳐 주었으면 좋겠다.

유능한 목수는 연장 탓을 하지 않는다고 한다. 하지만 처음부터 유능한 목수가 어디 있겠는가. 나는 아이들이 스스로를 유능하다고 믿는 영어 목수가 되기까지의 과정을 함께하며 도움을 주고 싶다. 내가 대단히 유능한 목수여서도 아니고 엄청나게 훌륭한 연장이 있기 때문도 아니다. 나 역시 영어가 어렵고 힘들었던 적이 있었고, 내 아이를 가르치려다 보니 맞닥뜨리게 되는 어려움이 있었기 때문이다.

그럼에도 불구하고 이런저런 방법으로 아이들을 가르치면서 해결해 나갔던 일화들을 적다 보니 내가 대단히 잘났고 잘 가르쳤다고 쓰게 된 것 같아 많이 민망하다. 부디 독자 여러분의 너그러운 양해와 이해를 부탁드린다. 대단히 훌륭한 연장을 가지고 있지 못해 죄송스럽기도 하고 엄청나게 유능하지 못함이 부끄럽기도 하다. 하지만 이 책을 읽는 독자들에게 조금이라도 도움이 될 수 있기를 감히 욕심내 본다.

2019년 12월
박은미

차례

PART 1

우리 아이 영어 공부
어떻게 시킬까?

PART 2

무조건 외우고 베껴 쓰는
영어 공부는 이제 그만!

PART 3

들려주고 읽어주고 보여주기만
해도 영어가 된다

PART 4

아이의 자존감을 높여주는
영어 공부법

우리 아이
영어 공부
어떻게 시킬까?

왜 '영어'여야
하는가?

영어를
공부하는 이유

특별한 경우가 아닌 다음에는 입시를 위해 영어를 공부한다. 대학에 들어가고 나서는 대부분은 취업을 위한 공인인증시험 점수를 받기 위해 영어를 공부한다. 편입을 하거나 공무원시험을 보기 위해서도 영어 공부를 한다. 취업 후에도 승진을 위해 영어 공부를 해야 한다. 이렇게 보면 우리는 꽤 오랜 시간 중요한 시기마다 영어에 매달리는 것 같다.

이렇게 구체적인 목표가 없다면 영어를 공부할 필요가 없을까? 해외여행을 위해서, 영화를 자막 없이 보고 싶어서, 내 아이에게 엄마표로 영어를 가르치고 싶어서, 혹은 취미로 우리는 삶에서 계속 영어를 공부한다. 우리의 신년계획이나 버킷리스트에는 언제나 영어 마스터가 빠지지 않고 올라오지 않던가.

하지만 나는 모두가 영어를 잘해야 한다고 생각하지 않았다. 나야 영어를 가르치는 것이 업이니 계속 영어를 공부해야 하지만 일반인이 영어를 군이 잘해야 할 필요가 있을까? 그럴 시간이 있다면 자신이 택한 일이나 전문 분야에 몰두하는 것이 더 좋은 길이 아닌가 생각했다. 하지만 이런 생각은 시간이 흐르면서 많이 달라졌다. 영어는 내 생각보다 더 빠르게 우리 삶으로 들어왔다. 그리고 그 영향력 또한 내가 생각했던 것보다도 컸다.

공인중개사로 일하고 있던 윤정 씨는 다소 상기된 듯한 얼굴로 나를 찾아왔다. 그녀의 사업은 나름대로 잘 운영되고 있었지만 당장 급하게 영어를 마스터해야 한다고 했다.

"외국인을 대상으로 하는 공인중개업소로 특화시키려고요."

당찬 그녀의 얼굴에는 자신감과 의지가 가득했다. 눈에 보이고 손에 잡힐 듯한 명확한 목표가 있던 그녀는 생각보다 빠른 시간에 자신의 일에 적합한 영어 능력을 갖추어 갔다. 그녀의 사업이 더 잘되리란 것은 불 보듯 뻔한 사실이었다. 그녀는 더 일찍 영어를 준비하지 못한 부분에 대해서 정말 많이 아쉬워했다. 조금만 더 일찍 준비했었더라면 더 좋은 기회들을 잡을 수 있었을 거라고 말했다.

나는 그녀와의 만남이 꽤 신선하고 충격적이었다. 왜냐하면 나에게 영어는 직업이었기 때문에 내 생활에 밀접하게 들어와서 주는 변화를 느낄 만한 계기가 없었기 때문이다. 입시영어를 가르치던 나는 새로 나온 교재를 연구하거나 좀 더 효과적인 공부법에 대해서 고민하긴 했지만 영어로 내 삶이 더 편리하고 좋아진다는 것을 느낄 수는 없었다. 굳이 따지자면 해외여행을 할 때 언어에 대한 두려움은 없는 정도랄까? 하지만 세상이 달라지고 있었고 변화에 둔감한 나 역시 그 변화를 느낄 수 있게 되었다. 사람들이 생활에서 영어를 쓸 일이 많아진 것이다.

꿈을 키우는 힘, 영어

"세상에, 배대지(배송대행지)가 없다고? 아니, 생전 영어 안 하는 나도 직구(해외사이트 직접 구매)를 하는데 너는 직구를 해 본 적이 없단 말이야?"

친구는 지구촌에 마지막 남은 원시인 보듯 나를 바라보았다. 이제는 너도 나도 직구를 하는 시대다. 우리나라 쇼핑몰이 아닌 해외 쇼핑몰의 세일 기간에 맞춰 주문을 한다. 우리나라에서 팔지 않는 물건도 많고 가격 경쟁력이 좋은 것도 많다. 쇼핑몰에서 사용하는 영어는 그다지 어렵지도 않고 반복되는 것이기에 조금만 신경 쓰면 누구나 할 수 있다. 이제 직구는 많은 사람들에게 생활화가 되었다. 영어 울렁증이 있던 친구는 나보다 더 능숙하게 배대지는 어디로 하는 것이 좋고 세일기간에 쇼핑하는 팁이며 어떤 물건이 어느 사이트에서 깜짝 세일을 하는지까지 싹 다 알고 있었다. 심지어 그녀는 후기를 남기면 할인 쿠폰과 배송비 무료 쿠폰도 준다며 쇼핑 후기도 남기고 있었다. 물론 영어로!

"영어가 싫다며? 자유여행 같은 건 안 할 거니 영어는 할 필요가 없다며?"

나는 친구의 변화가 재미나서 놀리듯 말했다. 그녀에게 영어는 더 이상 시험을 위한 공부가 아니었다. 더 재미난 것은 이 작은 시도를 계기로 그녀가 영어 울렁증에서 벗어나서 자신감을 가지기 시작했다는 점이다.

아이들을 가르치다 보면 가끔 나도 답답함을 느낄 때가 있다. 좀 더 재미있게 할 수 있는 방법들도 많고 아이들과 이것저것 해 보고 싶은 것들도 많은데 아이들은 생각보다 시간이 없다. 공부해야 하는 과목은 영어뿐만이 아니고 긴 호흡으로 아이의 대입까지 생각해 본다면 지금 시기에 어디까지는 해야 차후에 힘들지 않을 텐데 하는 부분들이 있기 때문이다.

그에 비해 아이들은 학년이 올라감에 따라 갑자기 어려워지는 영어에 난색을 표한다. 영어 시험 난이도는 점점 어려워지고 세상이 달라지는 것에 비해서 아이들의 공부 방법은 크게 달라지지 않았다. 몇 가지 달라진 점이 있다면 아이들에게 영어를 왜 공부해야 하는지에 대해 해 줄 말이 많아진 것이다. 그중 하나가 바로 유튜브다.

"선생님! 전 유튜브 스타가 될 거예요. 선생님 '보람튜브' 알아요? 한 달에 40억을 번대요! 저도 보람튜브에 나오는 애처럼 유튜브 스타가 되어서 한 달에 몇십 억씩 벌려고요!"

아이들이 유튜브 스타가 되겠다고 말하기 시작했다. 그런데 왜 보람튜브일까? 대단히 엄청난 콘텐츠도 아니고, 어른들이 봤을 때는 대사가 재미있는 것도 아닌데 조회 수가 어마어마했다. 아이러니하게도 그 이유는 바로 엄청난 콘텐츠도 아니고 대사가 재미있지도 않다는 데 있다. 시청자 대상이 한국 아이들이 아니라 전 세계 아이들인 것이다. 대사가 많지 않으니 누구나 즐길 수 있는 것이었다. 만약 한국어를 할 줄 알아야만 이해할 수 있는 내용이었다면 과연 이렇게 전 세계적으로 히트를 칠 수 있었을까?

나는 아이들에게 말한다. "국내 시장을 타깃으로 한다면 그렇게 벌긴 쉽지 않을 거야. 하지만 만약 너희들이 정말 재미나고 좋은 콘텐츠가 있다면 그것을 영어로 해서 유튜브를 찍으면 가능하지 않을까?" 아이들이 세계를 무대로 꿈꿀 수 있게 하는 힘, 그것은 바로 영어다.

영어로
자신감을 키워라

내가 대학생 시절에도 배낭여행이 있었고 그때도 워킹홀리데이(이하 워홀)는 있었다. 하지만 지금처럼 많은 아이들이 여행을 떠나거나 워홀을 가지는 않았던 것 같다. 그때도 그렇고 지금도 가장 큰 걸림돌은 바로 영어가 안 된다는 것이었다.

대학생이 되어서 다시 만난 민주는 워홀을 준비 중이라고 했다. 다른 무엇보다도 영어 공부에 많은 시간을 할애한다고 했다. 나는 워홀을 가 본 적이 없었기에 달리 조언해 줄 말이 없었다. 오히려 요즘 워홀은 어떤지 궁금했다. 워홀로 좋은 추억과 경험을 많이 만들어 오는 케이스도 있지만 반대로 힘들고 어렵게 지내다 오는 경우도 많이 봤기 때문이다.

민주는 워홀을 떠나는 가장 큰 이유는 영어 때문이라고 했다. "영어를 잘하면 아무래도 상대적으로 더 좋은 일자리를 얻을 수 있거든요." 해외에 나가서 예상치 못한 사건이나 사고가 생겼을 때 언어가 안 되면 정말 난감하다.

나는 민주에게 어련히 알아서 잘 준비하겠지만 영어회화 공부를 더 열심히 하길 당부했다. 민주는 활짝 웃으며 말했다. "선생님, 저 겁 많은 거 아시잖아요. 처음엔 비자 신청할 때 필요한 공인영어 점수만 일단 만들어 보자 했는데 그렇게 점수가 되고 또 회화학원도 따로 다니다 보니 용기가 생겼어요. 저 꼭 잘하고 올게요."

나는 세상을 향해 뛰어드는 아이의 용기가 대견해서 눈물이 날 것만 같았다. 겁이 많고 여린 아이였는데 그 마음에 자신감을 심어준 것이 바로 영어다.

나는 우리 아이들의 무대가 전 세계가 되길 바란다. 생각하고 바라보고 시도해 볼 수 있는 모든 일들에 있어서 영어가 걸림돌이 되지 않고 디딤돌이 되어 주길 바란다. 아이들이 자신의 꿈에 영어의 날개를 달고 당당히 도전할 수 있기를 희망해 본다.

02

우리는 왜 영어를
어려워할까?

영어를
못하는 이유

우리에겐 영어가 어렵다. 이 당연한 것을 왜 이렇게 영어는 어려운 것인지, 왜 빨리 영어 실력이 늘지 않는 것인지에 대해 불만을 가지고 속상해한다. 영어 공부를 몇 년을 했고 문제집을 몇 권을 풀었는데 해외여행 가서 말 한마디 못하는 아이를 보며 답답해하는 부모도 많다. 그럴 때마다 나는 엄마들에게 말한다. "어머님, 요가나 필라테스 책을 많이 읽어도 많이 해 보지 않으면 그 자세 안 나오잖아요." 자동차 운전면허 시험에 합격해도 도로연수를 받아야 하고 운전을 자주 해야 느는 것과 마찬가지다. 영어의 원리나 구조, 어휘나 문법을 아무리 외우고 연습하며 문제를 많이 풀어도 회화는 다르다. 영어로 대화하는 것은 실전 경험이기 때문이다. 아무리 영어회화 책을 통째로 외운다고 해도 실전에서 말 한마디 못하는 경우가 허다하다. 실전 대화는 결코 내가 외운 스크립트대로 진행되지가 않기 때문이다.

영어가 전 세계 공통어가 된 이유는 영어가 가장 쉬워서라고 한다. 그런데 과연 그럴까? 서양권 사람들에게는 그럴 수도 있겠지만 적어도 한국인에게는 그렇지 않다. 미국에는 Foreign Service Institute(FSI)라는 기관이 있다. FSI는 해외에서 일할 미국 외교관들에게 해당 지역의 언어를 가르치는 곳이다. 이곳에서 미국인의 관점으로 전 세계 언어의 난이도를 측정했는데 한국어, 일본어, 중국어가 미국인이 배우기에 가장 어려운 언어라고 한다. 마찬가지로 한국인에게도 영어가 가장 배우기 어려운 언어이다.

FSI에서 밝힌 바로는 한국어를 배우는 데는 2,200시간이 필요하다고 한다. 하루에 한 시간씩 주말도 빠짐없이 매일 공부한다고 해도 6년이 넘게 공부해야 된다는 이야기다. 우리가 초등학교부터 고등학교까지 학교에서 영어를 배우는 시간은 1,000시간이 채 되지 않는다. 우리가 12년 동안 학교를 다니며 영어를 배웠어도 잘하지 못하는 것은 어떤 대단한 이유가 있어서가 아니라 그저 영어 공부 시간이 절대적으로 부족하기 때문인 것이다.

영어는
모국어가 아니다

"왜 한국 엄마들은 아이들이 영어를 모국어처럼 배우길 원해요?"

친하게 지내던 교포 선생님이 정말 의아해하며 나에게 물어본 말이다. 학부모 사이에서 아이들이 모국어 배우듯 영어를 배워야 한다는 바람이 많다는 것은 알고 있었다. 하지만 나는 그 부분을 크게 의아하게 생각해 보진 않았다.

우리는 왜 영어를 모국어처럼 배워야 한다고 생각할까? 영어를 모국어처럼 배울 수 있는 환경도 아니고 우리의 모국어인 한국어와 영어는 글자부터 문법까지 뭐 하나 비슷한 점이 없는데 말이다. 학부모에게 왜 아이가 영어를 모국어처럼 배우길 바라느냐고 물어보니 영어식 사고방식, 글로벌 사고방식을 갖길 원해서라고 말씀하셨단다.

선생님은 "전 엄마가 한국인이신데도 불구하고 한국어를 모국어처럼 배우지 않았어요. 엄마가 한국어를 모국어처럼 배우길 바라셨는지조차도 모르고요. 영어식 사고방식이 도대체 뭐예요? 그럼 한국어식 사고방식이랑은 어떻게 달라요?"라고 물었다. 나는 대답할 수가 없었다. 사실 나도 모르기 때문이다. 학부모가 무슨 뜻으로 그런 이야기를 했는지는 대강 알 것 같았지만 그것을 정확하게 설명하기도 어려웠다. 아마도 아이가 언어를 습득하면서 자연스레 서양권의 문화를 받아들이길 바라는 듯하다. 그런데 과연 영어를 모국어처럼 습득하면 글로벌 사고방식을 가질 수는 있는 걸까?

학원에 새로운 선생님으로 오게 된 은정 씨는 외국에서 대학을 나왔다고 했다. 우리 학원에 오기 전에는 다국적 회사에서 일했었다고 한다. 그녀는 회사에 다니는 동안 너무너무 힘들어서 우울증에 걸릴 것 같았단다.

"선생님은 영어로 의사소통에 아무런 문제가 없는데도 힘이 들었어요?"

다른 선생님의 질문에 그녀는 그때의 힘들었음이 생각이 났는지 고개를 세차게 흔들면서 말했다.

"전 회의하는 게 너무 힘들고 싫었어요. 일하는 거야 그냥 하면 되는데 회의시간마다 토론하는 걸 못 견디겠더라고요."

그녀는 영어로 의사소통은 가능했지만 글로벌 사고방식은 가지지 못했던 걸까? 아니면 어려서부터 모국어 배우듯이 영어를 배우지 않아서였을까? 다른 나라의 언어를 배울 때 어느 정도는 그 나라의 문화에 대해 배울 수 있다. 하지만 의사소통에 문제가 없다고 해서 그 나라 사람들의 사고방식이나 문화적 차이에 대해 알 수 있는 것은 아니다.

예를 들면 서양권 사람들은 비판적인 토론에 있어서 자유로운 편이다. 그렇게 교육받고 그런 문화 속에서 커왔기 때문이다. 그에 비해 우리나라 사람들은 어떤가? 솔직히 말해서 우리는 비판은커녕 무슨 뜻인지 정확히 이해가 안 되었으니 다시 한번 말해달라고 물어보는 것조차도 예의가 아니라 생각하는 경우가 많다. 서양권 사람들에게 "네가 한 말이 무슨 말인지 잘 모르겠어. 다시 한번 말해줘."라고 하면 대체로 "지금 네가 내가 하는 말에 관심을 가지고 듣고 있구나. 원한다면 부연 설명을 해줄게."라는 긍정적인 반응을 보인다. 반면 우리나라 사람들은 "왜 내가 말할 때 귀담아 듣지 않고 딴짓하다가 다시 말해달라고 하지?"라는 다소 부정적인 반응을 보이는 경우가 더 많다.

물론 사람마다 다 다르기도 하겠지만 우리는 한 번에 알아듣지 못하는 것에 대해 대체적으로 미안해하는 편이다. 찰떡같이 말해도 콩떡같이 알아들어야 하기도 하고 가끔은 말하지 않아도 알아야 한다. 얼마나 전 국민적으로 이 말에 공감을 했으면 노래까지 만들어서 광고에서 쓰였겠는가. 아마도 이런 이유 때문에 우리는 외국 사람과 대화하기를 더 어려워하는 것이 아닐까? 발음도 문화적인 차이도 한 번에 알아듣지 못하는 미안함과 당황스러움 때문에 외국인과의 일상 대화를 편안하게 시작조차 할 수 없는 것이다.

꾸준함이
답이다

수업이 시작했는데도 아이들의 수다가 끝날 기미가 안 보이는 날이 있다. 그럴 때면 아무리 조용히 하라고 해도 아이들의 귀에 선생님 목소리는 들리지 않는다. 이때 아이들이 반사적으로 자기 자리에 앉아 가만히 책을 보게 할 수 있는 주문이 있다. 그것은 바로 "오늘 수업은 저번 시간에 배운 부분에 대해 앞에 나와서 발표해 보는 걸로 시작하자."이다. 이 마법의 한마디는 아이들을 아름다운 가을 황금들판의 잘 익은 벼처럼 고개를 숙이고 책을 보게 한다.

우리 아이들은 왜 이렇게 앞에 나와 발표하는 것을 부끄러워할까? 그나마 예전에 비해서 많이 좋아지긴 했지만 아직도 아이들은 앞에 나와 자신의 생각이나 의견을 말하는 것을 싫어한다. 몰라서가 아니라 아는 부분도 그렇다. 심지어 정답이 없는 자신의 의견을 말하는 경우에도 그렇다.

우리는 자신을 표현하고 자신의 생각을 말하는 것에 대한 이미지가 그다지 긍정적이지 않다. 알게 모르게 그렇게 하지 말라고 배워왔기 때문이다. 침묵은 금이고 빈 수레는 요란한 법이니까. 우리는 솔직하게 감정을 드러내고 원하는 것을 말하는 것이 불편하다. 내 생각은 그렇지 않아도 어릴 때부터 어른들이 하는 말을 들어야 했다. 내 의견은 다르다는 것을 말하면 버르장머리 없이 대든다고 혼났다. 지금 알고 싶은 것들을 물어보면 나중에 크면 알게 된다는 말을 들었다.

아무리 시대가 지나서 아이들이 우리 때와 확연히 다르다고 해도 아이들은 여전히 부모님께 이런 말을 듣고 선생님께도 이런 말을 듣는다. 안 그래도 영어는 언어적인 공통점도 거의 없어 배우기도 어려운데 이런 문화적인 차이로 인해 말하기도 어려운 영어가 되는 것이다.

해도 해도 안 되는 영어, 나에게만 이상하게 어려운 것이 아니다. 2,200시간을 계속해서 꾸준히 해야지 영어 실력이 는다. 그런데 우리는 몇 달 하다가 그만두고, 시험이 끝났으니 그만 한다. 이렇게 공부하다 그만두기를 반복하다 보니 항상 영어 공부를 한 것 같지만 사실은 그렇지 않은 것이다.

이제 스스로에게 그만 실망하고 죄 없는 영어를 그만 탓하자. 아직도 책장에 아무도 모른다는 영어 공부의 비법도서가 꽂혀 있는가? 몇 개월 만에 영어 천재가 된 남의 회사 김 대리는 그만 부러워하자. 김 대리는 원래 천재였을 것이다. 영어책 한 권 외우고 영어의 두려움이 없어졌다는 사람은 원래 용감한 사람인 거다. 그리고 두려움이 없어졌다 했지 영어를 잘한다고 한 것은 아니지 않은가?

이 세상에 정말 깜짝 놀랄 만큼 나만 모르고 있던 비밀의 영어 공부법 같은 것은 없다. 있다 해도 억울해하지 말자. 그 비밀의 영어 공부법으로도 꾸준히 2,200시간은 공부해야 영어를 잘할 수 있다. 나 역시 이 책에서 대단하고 엄청난 비법을 말하고자 하는 것이 아니다. 그런 것은 나도 모른다.

나는 그저 미련하게 꾸준히 2,200시간을 공부하자고 하는 것이다. 다만 그 시간 동안 너무 힘들고 지루하지 않게 조금 더 효과적으로 공부할 수 있는 방법들에 대해서는 말씀드릴 수 있다. 많은 학부모님들과 상담하고 초등학교 저학년부터 고3 입시까지의 아이들을 가르치며 다른 선생님들과 함께 고민하고 노력해온 결과이다. 그 방법이 궁금하면 언제라도 나의 휴대전화 010.2436.1179로 문의해도 좋다. 내가 도와주고 알려 줄 수 있는 부분에 대해서는 시간이 허락하는 한 최선을 다해 조언을 주도록 하겠다.

시간을 이기는 재능은 없다. 그러니 이제 더 이상의 요행은 바라지 말고 2,200시간을 꾸준히 공부해 보자. 나에게 그리고 우리 아이들에게 영어로 만날 수 있는 새로운 세상이 열릴 것이다.

03

영어를 잘한다는
기준은 뭘까?

기준은
저마다 다르다

"야, 넌 영어 잘해 좋겠다."

결혼을 앞두고 행복에 빠져있을 것 같던 친구가 나를 보자마자 한 말이었다. 며칠 전 신혼 여행지를 어디로 갈 것인지에 대해 예비신 랑과 이야기하다가 둘 다 기분만 상했다고 했다. 친구는 영화에 나오 는 것처럼 단 둘이 계획 없이 자동차 하나 렌트해서 미국 횡단 여행 을 하고 싶다고 했다. 나는 그 이야기를 듣는 것만으로도 기분이 들 떴다. 얼마나 좋을까? 하지만 둘이 신혼여행으로 가고 싶은 곳이 다 를 수도 있고 시간적으로도 경제적으로도 어렵지 않을까 싶어서 물어보았더니 뜻밖의 대답이 돌아왔다.

"다른 건 다 되는데 우리 둘 다 영어가 안 돼. 신혼여행을 통역사랑 세 명이 갈 순 없잖아."

나는 그만 박장대소를 하고 말았다.

친구에게 있어 영어를 잘한다는 기준은 통역사 없이 미국 횡단 여행을 할 수 있는 정도인 것이다. 하지만 어떤 사람에게는 토익 900점일 수 있고, 또 누군가에게는 자막 없이 영화 보는 수준일 수도 있다. 이 기준을 찾는 것이 중요하다. 친구는 집 앞 토익학원에 다니기 시작했다고 했다. 토익학원이라니, 사정을 알고 보니 너무 우습지 않은가? 하지만 만약 앞의 내용을 모른 채 이렇게 읽어 보면 어떨까?

"영어를 잘하고 싶어. 영어 공부를 해야겠어. 집 앞에 유명한 토익학원이 있거든. 무조건 아침에 학원에 나가서 영어 수업을 듣는 걸로 하루를 시작하려고."

모두가 정말 좋은 생각이라고 했단다. 집이 가까우니 학원에 빠지는 날도 거의 없었다고 했다. 자, 이쯤 되면 반전이다. '어? 분명 아까 영어가 안 돼서 신혼여행을 못 간다고 하지 않았어?' 맞다. 친구는 미국 신혼여행은 못 갔다. 하지만 토익점수는 750점이 넘었다. 어떤 면에서는 영어를 잘하게 된 것이 맞긴 하다.

레벨 테스트는
의미가 없다

서아는 영어를 잘했다고 한다. 원어민 선생님과 몇 시간이고 웃으면서 대화가 가능한 수준이었다고 한다. 어려서부터 원어민 선생님이 계신 학원을 다녔고, 심지어 말하기 대회에서는 상도 탔다. 문제는 별 생각 없이 친구 따라 갔던 타 학원 레벨 테스트에서 형편없이 낮은 점수를 받고부터 시작되었다.

늘 서아를 부러워만 했던 친구들이 서아보다 더 높은 반으로 배정을 받았고 이 사실이 엄마들 사이에서 소문이 났다는 것이었다. 서아 엄마는 화가 많이 나서 학원에 항의하셨다고 한다. 학원에서는 본원의 레벨 테스트지는 줄 수 없다고 했고 서아 엄마는 무슨 근거로 이렇게 낮은 반에 배정받았는지에 대해 설명해 달라고 했지만 자세한 설명은 들을 수 없었다고 한다.

그 이후로 서아의 타 학원 레벨 테스트 고난의 주간이 시작되었다. 다른 학원 여러 곳에 가서 테스트를 보았지만 매번 좋지 못한 성적에 아이도 엄마도 실망이 이만 저만이 아니었다.

"그동안 아이가 본 시험 문제예요. 다른 곳에서는 레벨 테스트지를 주지 않더라고요." 서아 엄마가 가져온 테스트지는 3개였다. 못해도 3군데 이상은 돌아다니면서 레벨 테스트를 봤음을 알 수 있었다. 아이가 집중을 못해 문제를 끝까지 읽지 않고 영어에 흥미를 잃은 것 같은데 이유는 알 수 없다고 했다.

서아 엄마가 다소 흥분한 채 레벨 테스트 점수가 왜 이렇게 낮은 지에 대해 설명하는 동안 서아는 고개를 숙인 채 손을 만지작대고 있었다. 나는 아이를 살피느라 엄마의 말씀을 귀담아 듣기가 힘들었다. 아이는 지쳐 보였다. 사실 누구보다 속이 상한 아이는 서아 본인일 것이었다. 늘 잘한다는 이야기만 들었을 텐데 아이의 마음은 지금 그 누구보다도 아플 것이 눈에 보였다.

"어머님, 레벨 테스트로는 다 알 수 없어요. 서아야, 선생님도 긴장한 채 시험 보면 점수가 엉망으로 나오기도 해." 아이는 처음으로 나를 쳐다보았다. "레벨 테스트는 다른 곳에서도 많이 봤으니 또 볼 필요는 없을 것 같아요. 어머님, 잠깐 서아랑 단 둘이 이야기해 볼게요."

나는 서아를 데리고 강의실로 들어갔다.

"말하기 대회에서 상도 탔다며?"

"네. 그런데 그건… 그 전에 선생님이랑 작성한 연설문 그냥 외워서 한 거라 별 의미 없는 거라고…."

아이는 말끝을 흐렸다. 분명 예전에는 자랑스러웠을 그 상은 이제는 별 의미 없는 상이 되어 있었다.

"누가 그래?"

"네?"

아이는 놀란 토끼눈으로 나를 바라보았다. 아이의 눈은 금세 발갛게 변해갔다.

"그 사람은 별 의미 없는 그 상을 타보기나 했대? 그거 외우는 게 어디 쉬운가? 그 큰 무대에 서서 당차게 실수 없이 외운 걸 말하는 게 얼마나 어려운데? 그걸 안 해봤나 보네. 그러니 별 의미 없다고 하는 거야."

아이는 고개를 숙인 채 울기 시작했다.

"잘할 수 있어. 그때 레벨 테스트에서 말하는 테스트는 안 봤던 거 아니야?"

"네. 안 봤어요…." 아이는 울면서도 내 질문에는 대답했다. 서아는 말하고 싶었던 거다. 레벨 테스트에서는 말하기를 보지 않았다는 것을 말이다. 아이가 간신히 잡고 있는 끈이 눈에 보이는 듯했다. 그것은 말하기였다. 서아 스스로도 확신할 수 없을 만큼 많은 자신감을 잃었지만 아이를 잡아끌어 올릴 수 있는 끈은 바로 이것이었다.

서아는 말 그대로 원어민과의 의사소통에서는 별다른 문제가 없었을 것이다. 그러니 엄마나 다른 사람이 보기에 서아는 영어를 잘하는 것으로 보였을 수 있다. 그리고 기준을 원어민과의 의사소통으로 잡는다면 서아는 영어를 잘하는 것이다.

그런데 서아는 의식하지 못한 채 비문을 사용했다. 한마디로 주어, 동사, 시제 등이 문법적으로 맞는 정확한 문장을 말하지 못했던 것이다. 그저 단순히 의사소통에는 어려움이 없을 정도의 단어나 단어의 덩어리 정도로 말했다. 정확한 시점의 피드백과 학습이 연결되지 못했기에 아이는 자신이 자주 쓰는 단어와 익숙한 패턴의 영어에

간힌 것이다. 서너 살 아이가 말하는 정도의 영어 실력이었다. 서너 살 아이와 하루 종일 이야기할 수는 있다. 하지만 아이가 쓰는 문장은 문법적인 오류도 많고 어휘량도 부족하며 그 안의 내용 또한 깊이는 없을 것이다.

기준을
먼저 정하라

서아의 잃어버린 자존감을 찾아 주는 것이 먼저였다. '나는 잘했고 잘할 수 있다.' 이 마음을 먼저 찾아주어야 했다. 서아가 상을 받았었다는 대회의 연설문을 바탕으로 우리의 공부는 시작되었다.

서아는 단어의 정확한 뜻을 알고 있지 못했고 정확한 문장의 구조나 문법의 기초가 없었다. 일단 기본 어휘의 수를 늘려나갔다. 기초 문법에 대한 부분과 문장 구조를 갖추는 법도 배우기 시작했다. 서아는 영어를 다시 잘하고 싶은 마음은 컸으나 이렇게 공부해 본 적이 없었다. 늘 듣고 말하기 위주로 공부해 왔던 터라 이런 공부 방법을 지루하고 힘들어했다.

한번 잘못 잡힌 공부습관을 바로 잡는 것은 참 어려운 일이다. 성인에게도 그런데 아이에겐 오죽하겠는가. 심지어 아이들은 잘 모르지만 안다고 착각하는 부분이 많다. 자주 들어서 무슨 말인지 알긴 아는데 정확히는 모르는 경우가 허다하다.

서아가 중학교에 들어가고 학년이 올라가면서 이제는 자리 잡힌 영어보다 수학에 집중하기 위해 우리의 수업은 마무리되었다. 서아의 영어 실력은 많이 좋아졌고 그만큼 아이의 자존감도 많이 높아졌다. 중간 중간 힘든 고비가 서아에게도 서아 엄마에게도 찾아왔지만 그래도 지치지 않고 열심히 해 나갔다.

1학기 첫 중간고사가 끝나고 서아 엄마에게서 장문의 문자가 왔다. 서아의 영어 시험 점수는 최상위라고 했다. 서아는 중간고사를 엄청 기다렸다고 한다. 얼른 자신의 실력을 확인해 보고 싶을 만큼 열심히 공부했던 것이다. 서아 엄마는 더 잘하는 아이들도 많으니 중학교 시험 잘 본 것이 뭐가 대수냐 할 수도 있겠지만 서아가 자신감을 찾게 된 것만으로도 너무 좋다고 하셨다. 나는 서아가 앞으로도 잘해 나갈 것이라고 말씀드렸다. 사실 이미 그때 서아는 고1 모의고사 시험점수 1등급을 받을 만큼 실력이 많이 늘어 있었다.

영어를 공부하는 목적이나 영어를 잘한다는 기준을 다시 한번 생각해 봐야 한다. 그 당시 서아의 경우는 전적으로 말하기와 듣기에만 치우쳐져 있었다. 그러니 입시를 대비한 문법 위주의 학원 레벨 테스트에서는 형편없이 낮은 레벨이 나올 수밖에 없던 것이다. 아이는 그런 방식의 공부를 해본 적도 없고 심지어 문법의 기초 이해도 전무했다.

서아 같은 경우의 아이들을 나는 아직도 자주 본다. 부모는 아이가 저학년일 때는 영어에 흥미를 잃지 않고 자유롭고 재미있는 방법으로 배우길 바라다가 고학년으로 올라가면서는 자연스레 영어 실력이 높아지길 바란다. 그것은 너무 이상적인 학습법이기에 현실화하기에는 어려움이 많은 것이 사실이다.

영어는 성인이 공부하기에도 쉬운 것이 아니라는 것을 다시 한번 상기해야 한다. 어떤 기준으로 영어를 잘한다고 해야 할지를 정하고, 그에 맞춰 공부의 방향과 단계를 이어나가야 한다. 만약 생활영어라면 듣기와 말하기 등 의사소통을 중심으로 영어를 공부해야 하고, 입시를 위함이라면 그에 맞추어서 계획을 잡고 나가야 한다.

물론 시기에 맞춰서 좀 더 효과적으로 즐겁게 할 수 있는 부분은 바뀔 수 있겠지만 장기적인 목표를 먼저 바라보고 그 안에서 조절해 나가야 한다. 그래야 아이도 엄마도 원하는 목적지에 당도할 수 있다.

04

나만의 좋은 영어
기준 세우기

방향과 목표부터
명확하게 설정하라

아이들이 학원에 오는 이유는 간단하다. 시험을 잘 보기 위해서다. 엄마들이 아이를 데리고 학원에 데리고 오는 이유도 결과적으로는 대학 입시에 있어서 좋은 영어점수를 받기 위함이라는 데 동의하신다. 그런데 시험이 없어 입시의 압박이 적은 초등학생 엄마의 경우 다른 기준과 목표를 가지고 오는 분이 많다.

나는 그때마다 그래도 결국 궁극의 목적은 학교 내신 점수를 잘 받고 수능에서 좋은 등급을 받는 것이 아닌지 여쭤본다. 아니라면 엄마가 원하는 목표와 같은 목표를 가진 다른 곳에 가 보길 정중하게 권유드린다. 아니면 내가 아이와 상호 소통하며 공부해 나가는 방식과 속도, 학습 방법에 대해 가능한 한 자세히 말씀드린다. 그래야 엄마와 내가 같은 방향을 바라보고 아이를 이끌어 줄 수 있다.

왜냐하면 영어는 언어이기에 엄마 스스로도 우리 아이의 영어 학습의 기준이나 목표에 대한 생각이 명확하지 않은 경우, 자칫 처음에 원했던 것과는 다른 방향의 목표를 향해서 가려 하는 경우가 많기 때문이다.

진우 엄마는 진우가 자신의 생각을 자신 있게 말하고 멋진 연설문을 쓸 수 있기를 바랐다. 중학교 1학년인 진우는 타 학원에서 TED로 수업을 한다고 했다. 다소 버거워하긴 했지만 진우 엄마는 공부가 쉬우면 그게 공부냐며 진우에게 더 열심히 하길 강요했다. 문제는 진우의 말하기나 작문 실력이 늘지 않는 것이었다.

나는 진우가 어떤 방식으로 공부했는지에 대해 여쭤보았다. 어려서는 동요나 DVD로 영어를 접하게 해 주었고, 그다음에는 영어 동화책으로 공부를 했다고 했다. 어릴 때는 매번 아이가 어떤 영어 책으로 공부하는지 엄마도 함께 읽어 보고 공부했다고 한다. 하지만 지금은 그렇게까지는 하지 못한다고 했다. 진우는 엄마가 계획을 세워준 대로 따라왔고 생각보다 많은 영어책을 읽었다고 했다.

엄마 생각에 이쯤 되면 아이가 TED를 보면서 내용을 조리 있게 요약해서 발표하고 자신의 생각을 멋지게 써내려갈 수 있을 거라 생각했는데 진우는 그러지 못했다.

일단 진우 엄마에게 아이의 상황에 대한 정확한 진단과 설명을 해야 하는데 그것을 받아들일지가 걱정이었다. 진우는 또래에 비해 영어 실력이 나쁘지 않았지만 엄마의 기대만큼 좋지는 않았다. 그리고 무엇보다도 엄마가 원하는 방향은 영어 실력만으로 갈 수 있는 부분이 아니었다. 이게 중요한 포인트인데 진우 엄마는 이 부분에 대해서는 크게 생각하지 않았다. 아이가 영어를 잘하면 잘 쓰고 말할 수 있을 거라 생각했다.

아이가 잘 쓰지 못하고 잘 말하지 못하는 이유는 영어 때문이 아니다. 아이는 뭘 쓰고 뭘 말해야 할지를 모르는 것이다. 그런데 진우 엄마는 자꾸 영어 실력 탓만 했다. 물론 그 당시 진우는 자신의 생각을 글이나 말로 쓰고 말할 수 있는 수준도 아니긴 했다.

진우 엄마는 앞으로 어떻게 될지는 모르지만 아이가 미국으로 유학을 갈 수도 있으니 영어 공부의 방법이 달라야 한다고 말했다. 일상 생활영어에서 문제가 없어야 하고 아이가 수업을 듣고 이해하고 모르는 부분을 말하고 해야 하니 듣고 말하기를 잘해야 한다고 했다. 진우 엄마는 한국식 문법 공부와 문제 풀이에만 갇혀서 입도 뻥긋 못하고 자신의 생각조차도 제대로 쓸 수 없는 것이 싫다고 했다.

구구절절 다 맞는 말이라고 생각되는가? 이럴 때가 참 난감하다. 어찌 들어보면 다 맞는 말이지만 사실 그렇지 않기 때문이다.

아이 수준에 맞는
책부터 시작하자

미국 유학을 가고자 한다면 아이가 봐야 할 시험은 SAT이다. 아이는 이 시험을 목표로 공부를 해야 한다. 그런데 애니메이션으로 공부를 하고 영어회화 연습을 한다면 과연 이 시험을 목표로 열심히 공부해 온 다른 아이들보다 더 좋은 결과를 얻을 수 있을까?

Scholastic Aptitude Test, 즉 SAT는 미국식 대학수학능력검정시험이다. 아이의 영어 목표가 미국 유학이라면 엄마 생각대로 일상생활 영어나 듣고 말하기가 아닌 체계적인 읽고 쓰기에 대한 공부가 더 중요하다. 한국 학교에서 이뤄지는 교육방식보다 문법 공부를 더 열심히 해야 한다.

SAT 시험은 크게 reading, writing, math 세 파트로 구성되어 있다. 영어 파트 2개와 수학 파트 하나인 것이다. 특히나 SAT에서 writing 시험은 essay 시험이 아니라, 영문법을 바탕으로 하는 문법 시험이다. 그러니 문법 기초부터 단단하게 공부해 나가야 한다. 그리고 무엇보다도 정말 깊이 있는 reading을 요구하는데 진우의 경우는 reading 습관이 잘못 잡힌 것이 또 하나의 큰 문제였다.

진우가 최근에 다 읽었다는 책을 하나 꺼내들고 내용이 기억나는지 물어보자 그렇다고 했다. 진우가 읽기에 조금 어려웠을 수도 있겠다 싶은 책이었다. 다시 한번 시간을 줄 테니 몇 페이지만 읽어 보라고 하고 진우가 읽는 모습을 지켜보았다. 진우는 빠르게 읽어 내려갔다. 그렇게 예상했던 시간의 반도 안 걸려서 읽고 난 후 나는 진우에게 어떤 내용이 있었는지 물어보았다. 책의 내용은 이렇다.

조쉬는 친구들과 공원에서 농구를 했다. 친한 친구가 요새 키가 커져서 모두의 주목을 받게 되자 말은 안 했지만 기분이 상했다. 집으로 돌아온 조쉬에게 남동생이 자기 바지가 이제 짧아졌다고 자랑을 한다. 동생은 조쉬가 평소보다 땀에 젖어 있지 않은 것을 보고 오늘은 농구를 안 했느냐고 물어본다. 조쉬는 농구는 했는데 오늘은 많이 뛰지 않았다고 대답한다. 동생이 그럼 게임에서 졌냐고 물어보자 조쉬는 이겼다고 대답한다. 동생이 그런데 왜 기분이 나쁘냐고 물어보며 자기와 키를 재보자고 하자 조쉬는 화를 내며 방에 들어간다. 엄마는 밖에서 무슨 일이 있었는지 물어봤지만 조쉬는 말하고 싶지가 않다.

나는 진우에게 물었다.
"무슨 내용이었어?"
"조쉬가 친구들이랑 농구하고 왔는데 동생이랑 싸웠어요."
"그런데 조쉬는 동생이랑 왜 싸운 거야?"
"동생이 귀찮게 해서요."
"어떻게 귀찮게 했는데?"

"자꾸 질문하고 귀찮게 했어요."

"그래서 기분이 나빠진 것 같아?"

"네. 농구하고 들어와서 배도 고프고 힘든데 동생이 자꾸 귀찮게 해서 화가 났어요."

"친구들과 한 농구 게임은 어땠어?"

"조쉬가 이겼어요."

"그랬구나. 조쉬는 기분이 어때?"

"이겼으니까 기분 좋죠."

눈에 보이는 내용은 간단한 것 같다. 조쉬는 농구하다 집에 들어와서 동생이랑 싸우고 방에 들어갔다. 엄마는 조쉬가 왜 그런지 궁금해한다. 하지만 책의 내용과 진우가 한 말은 묘하게 비틀어져 있다는 사실을 알 수 있을 것이다.

조쉬는 요즘 들어 키가 큰 친구가 친구들 사이에서 주목을 받자 기분이 상한 것이다. 자신은 요새 키가 크지 않았으니 자존심이 상했을 것이다. 농구라는 게임 자체가 키가 크면 유리한 게임이기 때문이다. 동생이 조쉬가 땀에 젖지 않아 농구를 안 했냐고 물어보는 장면에서 그가 오늘 많이 뛰지 않았다는 것을 알 수 있다. 그런데 게임에서 이겼다고 하니 아마 요새 키가 부쩍 큰 친구의 활약이 좋았겠거니 예측해 볼 수 있다. 조쉬는 안 그래도 키 때문에 심기가 불편한데 동생이 자신이 키가 더 컸는지 형과 키를 재보자고 하니 화가 났던 것이다.

하지만 진우는 이 내용을 파악하지 못한 채 책을 읽고 있었다. 더 정확하게 말하자면 책을 눈으로 보며 아는 단어들을 찾아서 내용을 파악하는 새로운 기술을 연마하고 있었다.

아이들의 책은 감정선이 복잡하지 않고 단어 자체도 어렵지 않다. 심지어 챕터북의 경우 간간히 삽화가 그려져 있어서 그림을 통해서도 내용 파악을 할 수 있다. 내용 전개가 어떤 상황이나 이벤트 위주로 연결되는 경우가 많다 보니 몇 문장만 이해되어도 책을 읽는 데는 문제가 없다. 물론 처음 책을 읽을 때부터 아이의 수준을 정확히 인지해서 적정한 난이도의 책으로 읽기를 시작한다면 좋다. 그리고 아이와 함께 책을 읽고 충분히 이야기를 나눠서 아이가 책을 잘 소화하고 있는지를 파악하고 다음 권으로 넘어간다면 더할 나위 없이 좋다.

그런데 진우의 경우는 그렇지 못했다. 진우 엄마는 같이 수업을 받고 있는 다른 엄마들과 함께 고민해 본 뒤 진우가 아직 충분한 양을 읽지 못했기 때문이라는 결론을 내렸다.

그 당시 나는 진우 엄마에게 몇 가지 고려해야 할 부분을 말씀드리고 조금 더 쉬운 책으로 조금 더 천천히 읽어 나가길 부탁드렸었다. 엄마가 권수에 집착하면 아이도 몇 권 읽었는지만 중요하게 여기기 때문이다. 실상 엄마가 권수에 집착한 것은 아니었지만 아이가 읽은 책의 내용을 엄마가 모르니 아이에게 물어볼 수 있는 부분이 권수밖에는 없었겠구나 싶기도 하다.

주변 의견보다
아이를 보고 기준을 잡아라

진우와 다시 만나게 된 것은 그로부터 1년이나 지난 후였다. 사춘기가 시작되고 있었다. 진우 엄마는 나름대로 여러 가지 노력을 했지만 잘되진 않았다고 했다. 조금 더 쉬운 책부터 다시 읽어 보자고 하기도 했고 이미 읽었던 책들을 다시 읽어 보자 하기도 했다고 했다. 거부한 것은 진우였다. 진우는 새로운 영어 책을 원했다. 진우는 한번 훑어보고 결과를 알게 된 책에는 다시 흥미를 가지지 않았다. 읽은 것이 아니라 그저 한번 훑어본 것이다. 진우는 한글로 된 책조차도 이런 식으로 훑어봤다.

진우 엄마가 세운 영어를 잘하는 기준은 어떤 것이었는지를 돌아봤으면 했다. 엄마가 생각한 아이의 영어 공부 목표는 외국 대학 진학인 것인지 자유로운 의사소통인 것인지 정확하지 않았다. 그러니 어떤 방법이 더 효과적일지, 아이에게 어떤 방식이 좋을지 엄마는 알 수 없었다. 그러다 보니 주변에 제일 가까운 사람들에게 조언을 구하거나 같은 수업을 듣는 엄마들의 의견에 많은 영향을 받게 된 것이다. 하지만 이런 식의 이야기는 정보라고 할 수 없다. 이런 데 기반을 둔 채로 아이의 영어 목표와 기준을 잡고 방법을 선택하진 않길 바란다.

아이의 영어 목표나 기준은 시작 연령과 공부해 온 기간, 흥미도,

그리고 언제 어느 정도까지 해야 할지 등 생각해 봐야 할 부분이 너무 많다. 변수가 너무 많고 목표도 그때그때 계속 수정해 나가야 하며 방법 역시 그렇다. 아이의 나이가 어릴수록 그날의 기분이 그날의 학습 성취도를 좌우한다. 그리고 학습태도며 생활습관까지 다져나가야 할 중요한 부분이 많다. 어린 나이일수록 영어 실력보다는 공부를 하는 마음가짐이나 자세가 훨씬 더 중요한 경우가 많다는 것을 생각해 보길 바란다.

05

시작이
달라야 한다

엄마표
영어의 시작

우리 아이가 영어에 관심을 보이고 유치원에서 배운 영어 동요를 조금씩 부르려고 한다면? 나는 그 시기가 영어를 시작해도 좋을 시기라고 생각한다. 그렇다면 어떤 방법으로 시작하는 것이 좋을까? 그리고 그 방법으로 얼마만큼 하는 것이 좋을까? 학원을 알아봐야 할까? 아이가 어린데 방문 선생님을 알아볼까? 원어민은 있어야 할까? 이때부터 엄마의 머릿속은 복잡해진다. 지금 시기에 하는 것이 조기교육일까? 주변 엄마들과 선배 엄마들에게 조언을 구하기 시작한다. 지금 이 책을 읽는 엄마들 중 이런 상황에 처해 있는 분이 있다면 그게 무엇이든지 잠시 멈추시라고 말씀드리고 싶다. 불안한 마음으로는 올바른 결정을 내리기 어렵다. 시야가 좁아지기 때문이다. 심지어 올바른 결정이랄 것도 딱히 없다. 아이가 어릴수록 읽고 쓰고 말하지 못하니 듣기 빼곤 할 것이 없기 때문이다.

일단 주변 엄마들과 선배 엄마들의 이야기는 '그런 케이스가 있구나' 하는 정도로만 받아들이자. 아이들의 성향은 전부 다르다. 그리고 엄마들의 교육방식도 주관적이다. 하지만 자신의 주장을 굽히거나 다른 의견을 받아들이지 않는 엄마들이 생각보다 많다. 지금 내 아이가 혹은 내가 아는 지인의 아이가 하고 있는 방법이 최고라고 자신하는데, 상당히 위험한 생각이다.

왜 엄마들은 아이의 교육에 관해서는 귀를 닫으려 하는 것일까? 누구나 자신이 듣고 싶은 말만 듣는다고는 하지만 아이의 교육에 관해서 이미 엄마들이 가진 생각을 바꾸기란 쉽지 않다. 많은 엄마들과 상담을 해본 결과 그들에겐 이 선택이 너무나 중요하다. 내 아이의 영어 교육의 미래가 자신의 손에 달려있으니 그 부담감과 책임감이 얼마나 크겠는가? 영어 정보는 넘쳐나고 정작 내 아이를 맡길 만한 곳은 찾지 못했다. 그렇다면 엄마에게 남은 선택은 무엇일까?

험난한 엄마표 세계로 입문하게 된다. 일단 인터넷의 바다에 빠져보니 어마어마한 자료와 공부 방법이 넘쳐난다. 이 방법으로 성공한 아이들이 부지기수다. 열정 넘치는 엄마들이 너도 나도 얼마나 아이를 정성으로 가르치는지 인증하고 거기에 자극받은 엄마들도 열심히 그 뒤를 따른다. 이들은 대부분 유·초등 엄마들이다. 그 이후에는 어떻게 되는 걸까?

엄마표 영어의
딜레마

어떤 선택도 시간이 지나면 수정될 수 있고 대체될 수 있으며 정답은 없다. 정확한 비교가 될 수는 없겠지만 나는 내가 직접 첫째 아이의 이유식을 만들면서 이런 마음에 백번 공감하게 되었다. 아이가 첫째일 때는 모든 것이 다 처음이라 힘들고 서툴다. 나는 이유식 책을 보고 인터넷을 뒤지고 주변 엄마들에게 이렇게 주니 잘 먹더라는 모든 정보를 집대성해서 누구나 다 만드는 쌀미음부터 만들기 시작했다. 아이는 입맛이 까다로워 한 번 먹은 이유식은 다시 먹기 싫어해서 나는 도대체 어떤 이유식을 먹여야 할지 매일 걱정이었다. 아이가 잘 먹으면 그렇게 뿌듯할 수가 없지만 안 먹으면 너무 속이 상하고 화가 났다. 오직 아이만 생각하고 들인 노력과 정성이 너무나 아까웠기 때문이다.

어느 날 아이를 업고 이유식을 만든다며 낑낑대는 나를 보고 신랑이 말했다. "요새는 이유식도 잘 나온대. 누구는 배송해 먹는다고 하더라고. 아이도 좋아하고 잘 먹는다고 하는데 어디다 시켜먹는지 한번 물어볼까?" 나의 글 솜씨로는 그날의 서운함과 분노를 표현할 수가 없다. 말이 되는가? 어떻게 나의 정성과 노력이 듬뿍 들어간 이유식을 시판 제품과 비교할 수 있단 말인가. 나는 엄마다. 엄마가 해주는 음식보다 더 맛 좋고 정성스럽고 몸에 좋은 이유식이 세상에 있을 리가 있는가?

있다. 심지어 맛도 있다. 내가 만든 것보다 몸에 좋진 않겠지만(물론 비교해 본 것은 아니다. 그저 그렇게 믿고 싶을 뿐) 아이가 잘 먹고 변도 황금빛으로 잘 봤다. 나는 그동안 뭘 한 걸까?

물론 나는 아직도 첫째가 감기에 잘 안 걸리는 것은 내가 이유식을 만들어 먹였기 때문이라고 생각한다. 그리고 지금도 엄마가 만든 이유식이 최고라고 생각한다. 하지만 우리는 아이의 몸뿐만이 아니라 마음도 돌봐줘야 한다. 몸의 건강도 중요하지만 마음의 건강도 중요하다. 시판 이유식을 사 먹이면 당장이라도 소화 흡수에 문제가 생기고 아토피에 걸려 온몸을 긁으며 평생을 괴로워할 것 같겠지만 그렇지 않다. 그런데 나는 그럴 것 같았고 가만히 내 노력을 돌아보니 그렇다고 생각하고 싶었다. 그래야 내 노력이 더 값지게 느껴지지 않겠는가.

엄마표가 최고라는 인정을 받았는데도 불구하고 시판 이유식을 한번 먹여 보라는 말은 듣기 싫다. 이유식도 이런데 하물며 엄마표 영어는 어떻겠는가. 엄마표 영어는 냉동실에 넣어놓았다가 필요할 때 돌려 먹일 수도 없다. 그런데 내가 해온 방법이 틀렸다는 것을, 혹은 더 좋을 것이 없다고 인정하는 것은 너무나 어려운 일이다. 이런 생각을 가진 엄마들끼리 모여서 자신의 방법이 맞다며 서로 다독이고 그 견고함을 쌓아가기 시작한다.

최고의
방법은 없다

엄마가 밤을 새워 열심히 만들어 놓은 교재들을 아이가 시큰둥해하고 재미없어하면 눈물이 난다. 나는 그 심정을 너무 잘 안다. 나는 엄마표 영어가 아닌 엄마표 수학을 꿈꾸었고 심지어 멘사 지도사 자격증까지 땄다. 물론 아이는 나의 계획대로 조금도 따라 주지 않았다. 나는 그럴 때마다 스스로를 다독이며 중얼거렸다. "그래, 다 부질없다. 건강하면 최고다. 시판 이유식도 좋다."

고인 물은 썩기 마련이다. 건전한 비판과 발전이 없다면 정상적이지 않다. 다른 아이들은 즐겁게 잘 배워도 내 아이는 아닐 수 있다. 내 아이가 이상한 것이 아니라 그 방법이 아이에게는 맞지 않는 것이다. 세상에는 영어를 정복할 수 있는 수많은 방법이 있다. 그런데 왜 아직까지 최강의 방법이 나오지 않은 걸까?

왜냐하면 없기 때문이다. 그저 나와 내 아이와 맞고 안 맞고가 있을 뿐이다. 아이가 조금 더 열심히 하고 안 하고의 차이일 뿐이라고 생각한다. 그러니 너무 하나의 방법이나 하나의 단체에 올인할 필요는 없다. 꾸준해야 하는 것은 공부이지, 공부법이 아니다. 어떤 음식이 건강에 좋다고 해서 그것만 먹고 살 수는 없지 않은가?

영어 공부의 시작, 이번만은 달랐으면 좋겠다. 새로운 좋은 방법들과 도구가 끊임없이 쏟아져 나오고 있다. 나 역시도 현장에서 영어를 가르치고 있지만 아직도 교육방법에 대해서 배우고 피드백을 받고 있다. 티칭 스킬은 너무나도 많고 효과도 좋다. 나는 우리 아이들이 여러 방법으로 영어를 배우고 쓸 수 있기를 바란다. 그러면 아이들의 사고도 조금 더 유연해지지 않을까?

06

지속 가능한
영어 공부가 답이다

단계별로
천천히

학원에 아이가 처음 오면 가장 먼저 하는 일은 상담이다. 그 전에 영어 공부는 어떻게 했는지, 교재는 무엇을 사용했는지, 각 영역(듣기, 읽기, 쓰기, 말하기, 어휘) 중 아이가 가장 자신 있고 재미있어 하는 부분은 무엇인지 등등 현재 영어 실력 확인이 먼저이다.

그 이후에 아이와 직접 수업을 해보면서 아이의 성향을 파악한다. 내성적인지, 기분에 따라 행동이 좌지우지되는지, 친구들과의 관계에 영향을 많이 받는지, 꿈은 있는지, 가고 싶은 대학이나 공부하고 싶은 부분은 무엇인지, 아이가 직접 소화해 낼 수 있는 공부량은 어느 정도인지 등등 시간을 들여서 아이의 현 상황에 대해 파악해야 학습 계획을 세울 수 있다.

그런데 의외로 계획을 세우는 데 있어 현 상황 파악을 그리 중요하게 생각하지 않는 경우가 허다하다. 우리가 신년계획을 결국 지켜내지 못하는 이유 또한 그렇다. 모든 것이 나의 의지 때문이라고 탓하며 실망한다. 걷는 것도 힘든데 '하루에 5킬로미터씩 달리기' 같은 계획을 세우는 것이 문제이다. 오늘은 뛸 수 있을지 몰라도 내일은 뛰는 것은 둘째 치고 일어나지 못할 수도 있다. 무리 없이 조금씩 계속할 수 있는 방법을 찾고 실천해 나가는 것이 좋다. 나를 먼저 파악하고 내 실력이 지금 어느 정도인지부터 정확하게 알고 가야 한다.

지금 당장 의욕과 희망에 부풀어서 이번만큼은 죽어도 꼭 해내고 말겠다는 거창한 계획은 위험하다. 그렇게 하다 방법이 맞지 않는다 싶으면 다른 방법으로 바꾸면 된다. 중요한 것은 지금 내가 할 수 있는 수준에서 할 수 있는 양만큼 해나가는 것이다.

유준이는 영어가 너무 싫다고 했다. 이번 생에 영어는 망했다고 더 이상은 영어 공부는 물론 학원도 다니고 싶지 않다고 했다. 유준 엄마는 아이가 뛰어나게 잘하길 바라진 않는다고 했다. "그저 남들 하는 정도만 따라갔으면 좋겠어요." 유준 엄마의 바람은 그저 너무 뒤떨어지지만 않는 것이었다. 유준이가 공부했던 교재들을 살펴보니 유준이와는 전혀 레벨이 맞지 않았다. 학년에 비해 기초가 너무 없는 상태였다.

수업 첫날부터 유준이는 숙제를 해오지 않았다. 유준이는 영어 기초도 없었지만 교재에 나오는 한글도 잘 이해하지 못했다. 그러니 아무리 해도 영어가 늘지 않았던 것이다. 유준이는 영어 교재에 나오는 한글 공부와 알파벳 쓰는 연습부터 다시 했다. 시간이 지나자 아이는 교재에 나온 설명을 읽고 이해할 수 있었다. 이제야 뭘 물어보는지를 알게 된 것이다. 숙제를 해오기 시작하면서 유준이의 영어 실력은 좋아지기 시작했다. 물론 같은 학년 수준까지 가려면 그만큼의 시간이 더 필요하겠지만 적어도 영어가 공부할 만한 과목은 된 것이다.

시작은 쉬워야 한다. 그래야 오늘도 하고 내일도 할 수 있다. 간혹 아이의 학년은 높은데 교재의 난이도가 낮은 경우 불만을 토로하는 엄마들이 있다. 전 학원에서는 이 정도는 아니었고, 아이가 이미 배운 부분인데 왜 다시 해야 하냐며 답답해한다. 그런데 배운 부분이라고 해서 그냥 넘어가게 되면 아이는 자신이 뭘 알고 뭘 모르는지 파악하지 못한다. 영어 단어를 외우고 비슷한 유형의 문제를 풀어서 시험 문제를 맞히기는 하는데 정확하게 알지는 못하는 것이다. 그래서 비슷한 문제를 풀어도 어떤 것은 맞고 어떤 것은 틀린다. 같은 문제도 저번에는 맞혔지만 이번에는 틀린다.

뭘 모르겠는지를 물어보면 아이들은 그냥 무작정 다 어렵고 잘 모르겠다고 한다. 한참 돌아가는 것 같고 시간을 낭비하는 것 같겠지만 정확히 아이가 모르는 그 지점부터 다시 해야 한다. 그게 가장 효과적인 방법이다. 대강 이해하고 수업을 따라가는 방식으로는 한계가 있다. 학년이 올라갈수록 더 정확한 문법이 요구되고, 독해 또한 문법을 모르는 이상 해석이 어려워지기 때문이다. 학년이 올라갈수록 영어 점수 올리기가 힘들어지는 이유 또한 그것이다.

공부한 시간보다
양이 중요하다

유난히 영어 과목에 대해 자신감이 없는 친구들이 있다. 이런저런 이유들이 복합적으로 똘똘 뭉쳐 영어가 싫고 어려운 아이들이다. 이런 친구들은 스스로에 대한 자신감 회복이 먼저다. 이때는 어느 정도 재미도 필요하다. 하지만 학년이 올라가면서부터는 재미로 접근해서는 안 된다.

만약 아이가 이런 과도기에 있다면 스스로 자신이 얼마나 해내었는지를 직접 느끼게 해 주는 것이 좋다. 공부한 노트나 문제집을 모으고 그날의 공부량을 적는 것도 나쁘지 않다. 외운 단어 카드를 모아서 직접 눈으로 그 양을 확인해 보는 것도 좋다. 아이 스스로 공부한 만큼 실력이 늘었다는 것을 느끼게 해 주는 것이다.

이는 생각보다 효과가 좋다. 스스로 공부한 부분을 적으면서 자신의 공부 습관을 '관찰'하게 되는 것이다. 계획을 세우고 그것을 지켰는지 체크하는 것이 아니라 그날 자신이 공부한 양만 적는 것이다. 매일 공부량을 적을 뿐인데도 아이들은 변화하기 시작한다. 생각보다 자신의 공부량이 적다는 것에 놀라기도 한다. 매일 학교에서 공부하고 학원에 가서 수업을 듣고 하니 아이들은 자신이 늘 공부하고 있다는 착각에 쉽게 빠진다. 그런데 이렇게 공부하고 외우고 문제 푼 양만 정확하게 적다 보면 한눈에 파악이 된다.

이때 중요한 것은 공부한 시간을 적으면 안 된다. 3시간이라고 해도 그것은 공부 시간이 아니라 책상에 앉아 있던 시간이다. 그보다는 '단어 10개 암기', '문법 5개 정리' 같은 식으로 적는 것이 더 정확하다. 그렇게 공부한 것만 적어나가다 보면 그만큼 영어 실력이 쌓여간다는 것을 아이들 스스로 느끼게 된다. 그러면 계속 해나갈 수 있는 힘이 생긴다.

또 한 가지 염두에 두어야 할 부분은 자신이 틀린 부분에 대한 정확한 분석이다. 가끔 아이들 스스로 말할 때도 있지만, 엄마가 아이를 옆에 두고도 영어를 왜 이렇게 못하는지에 대해서 대놓고 말할 때가 있다. 아는 문제도 잘 틀리고 실수가 잦고 꼼꼼하지 못하다는 식의 이유들 말이다. 자아비판의 시간을 갖는 것이다.

나는 그럴 때마다 "영어를 잘 못하고 문제를 자주 틀리는 것은 단순히 정확하게 몰라서"라고 말한다. 실수가 잦은 것도, 사소한 스펠링

이 틀리는 것도 그냥 정확하게 몰라서다. 원래 잘하는데 시험만 못 보는 경우는 없다. 그냥 실력이 그만큼인 것이다. 이것을 인정해야 발전할 수 있고 아이도 스스로의 잘못된 인식에서 벗어날 수 있다.

이게 안 되면 아이는 안타깝게도 '해도 안 된다'는 식의 생각에 갇힌다. 공부를 했고 알고 있지만 시험만 보면 틀린다면 공부할 맛이 안 난다. 그러니 틀린 부분과 낮은 점수에 대해서 너무 많은 분석과 안타까움과 실망의 시간을 갖지 말자. 그저 정확히 몰라서 틀린 것이다. 다음엔 공부해서 더 잘 보면 된다. "넌 왜 맨날 아는 걸 틀리니?"라는 말에서 벗어나자. 그래야 아이 스스로도 자신에 대한 잘못된 믿음에서 벗어날 수 있다.

함께하면
멀리 갈 수 있다

나는 가능하면 아이들에게 함께 공부해나가는 방법을 권한다. 사실 이게 쉽지 않다. 요즘 아이들은 협업을 정말 어려워하기 때문이다. 그리고 학원에서 서로 격려하고 확인하면서 이끌어 주는 공부 방법 또한 실천하기가 만만치 않다. 하지만 나 스스로도 이런 방법들을 찾아서 고민해 보고 공부하고 있다. 왜냐하면 이 방법이 아이들이 인풋에서 벗어나 스스로 아웃풋을 할 수 있는 방법이기 때문이다.

아이들은 학교에서도 듣는 입장이고 학원에서도 듣는 입장이다. 문제를 풀고 나서 틀리면 왜 틀렸는지에 대해서 또 설명을 듣는다. 자신이 아는 부분에 대해서 설명하고 말할 기회가 별로 없다. 나는 아이들이 서로가 서로를 가르치고 협동하면서 공부해 나갈 수 있다면 더 좋은 효과를 볼 수 있을 것이라 생각한다. 함께하면 멀리 갈 수 있다. 함께 격려하며 서로 확인하고 이끌어 줄 수 있는 관계를 만들어 보자. 영어 공부를 계속 해나가기가 더 수월해질 것이다.

· 07 ·

영어의
미래가 바뀐다

먼저 마음을
열어야 한다

수업이 다 끝나고 마무리 정리를 하고 있을 때 전화 한 통이 걸려
왔다. 상담은 미리 시간 약속을 잡고 나서 진행되는데 한 엄마가 지
금 만나볼 수 있냐며 간곡하게 부탁을 해 왔다. 그동안 아이가 학원
은 안 다니겠다고 고집을 피웠는데, 오늘은 웬일인지 학원 앞을 지나
면서 가보자고 했더니 그러자고 동의했다는 것이다. 그렇게 찾아온
세나는 요즘 유행하는 패션 트렌드가 무엇인지 보여 주기 위해서 온
것 같았다. 세련된 옷차림과 진한 화장에 액세서리, 심지어 네일까지
완벽했다. 그런데 한여름이었는데도 긴 소매 옷을 입고 있었다. 세나

가 강의실을 둘러보는 사이 엄마가 작은 목소리로 말씀하셨다. "아이가 학원에 가기 싫단 말만 안 했으면 좋겠어요."

학원을 둘러본 후 세나와 엄마는 집으로 돌아갔다. 다음 날, 세나 엄마 혼자서 다시 학원에 찾아왔다. 세나는 중학교 입학 전 화상을 입었다고 했다. 약하긴 하지만 얼굴에도 흉이 조금 남았고 오른쪽 팔에 큰 화상 흉터가 남았다고 했다. 세나는 중학교에 올라가자마자 아이들에게 놀림을 받았다. 세나는 마음을 닫아버린 채 점점 더 까칠해져 갔고 공부에도 흥미를 잃었다.

세나의 유일한 취미는 화장, 네일아트, 패션이라고 했다. 그렇다면 그런 것들을 배우는 학원에 가야 하는 것이 아닐까? 세나 엄마는 그런 학원도 알아보았으나 세나가 사람들과 어울리는 것을 어려워하고 같이 배우는 사람들과 나이 차이도 많이 나다 보니 가고 싶지 않아 했다고 한다. 학교는 정말 겨우겨우 다니고 있고 심리상담 다니는 것 말고는 집에만 있어서 뭐라도 해야 할 것 같아 이곳저곳 알아보셨다 했다. 그런데 신기하게 영어는 싫다고 하지 않았다는 것이다.

나는 심각하게 고민에 빠졌다. 뭘 가르쳐야 할지를 몰랐다. 세나는 학교 공부는 하지 않겠다고 하고, 그렇다고 회화를 가르칠 수도 없었다. 회화 공부를 하려면 대화를 해야 하는데 그날 세나가 나에게 한 말이라고는 "아니요."와 "싫어요." 이 두 마디뿐이었다.

다음 주부터 아이가 오기로 했는데 나는 어떤 수업을 준비해야 할지를 몰라 당황스러웠다. 아이가 정말 오긴 올까? 어쩌면 오지 않을 수도 있겠다 싶은 생각이 들자 묘하게 마음이 편해졌다. 수업을 시작하기로 한 날이 가까워져서 다시 한번 확인 차 세나 엄마에게 전화를 했더니 세나가 간다고는 했는데 어떨지는 모르겠다며 말끝을 흐렸다. 안 오겠구나 싶은 마음이 확신으로 변해갔다. 하지만 정작 수업 당일 세나는 나의 기대를 저버리고 수업시간 10분 전에 도착했다.

영어는 도구다

나는 수업을 하면서 세나가 영어는 싫지 않다고 한 이유를 금방 찾을 수 있었다. 세나가 원하는 것들은 인터넷 세상 안에 있었고 거기서는 영어를 사용했던 것이다. 우리의 영어 수업은 책상을 떠났다. 세나는 처음으로 자신이 가고자 하는 세계로 나를 초대했다. 우리는 유튜브를 보거나 외국 사이트를 돌아다니며 새로운 분장, 화장술, 네일아트, 바디페인팅의 세계를 여행했다. 우리의 영어는 더 이상 책 속에 있지 않았다.

나는 십수 년 동안 칠판 앞에 서서 변하지 않는 시험 영어를 가르치고 있는데 아이들의 영어는 변화하고 있었다. 쉽고 가깝게 영어를 접하게 된 것이다. 아직도 학교에서는 영어 시험을 보고 시험 대비 공부를 하고 있지만 아이들은 우리와는 다른 눈으로 영어를 바라보고 있다. 아이들은 알게 모르게 도구로서의 영어를 받아들이고 있던 것이다.

당시 나는 유튜브를 즐겨보지 않았었다. 나에게 유튜브는 먹방이나 게임 방송 등 비전문적인 영상들이 올라오는 곳이었다. 몇 번 재미 삼아 본 것들도 있긴 하지만 완성도가 높지도 않았고 그저 한번 웃어 넘기고 마는 정도라 생각했다. 하지만 다시 들여다본 유튜브의 세계는 놀라웠다. 아무 생각 없이 그냥 봤을 때는 몰랐는데 자세히 들여다볼수록 엄청났다. 그리고 그 세계의 언어는 영어였다.

직구를 하기 시작하면서 영어를 공부하기 시작한 내 친구는 나에게 몇 번 부탁을 한 적이 있다. 배송 오류가 나거나 물건이 분실될 경우 상담원과 전화 통화를 하거나 메일을 보내달라는 것이었다. 인터넷으로 주문을 하는 것은 어렵지 않지만 외국인 상담원과 통화하거나 메일을 쓰는 것은 그녀에게 어려운 일이었기 때문이다. 그런 일이 많지는 않았는데 언젠가부터 부탁이 늘기 시작했다.

"뭘 얼마나 많이 샀기에 배송 오류가 이렇게 많은 건데?"라는 내 질문에 친구는 주변에서 이런 오류나 사고가 생길 때마다 부탁을 받아서 그렇다고 했다. 친구는 주변에서 직구의 선구자 같은 위치에 올라 있던 것이다. 처음 몇 번은 나에게 도움을 받기도 하고 몇 번은 인터넷의 도움을 받기도 하면서 친구의 쇼핑 관련 영어 실력은 오류를 처리할 만큼 완성도 있게 발전해 나가고 있다.

영어는 세상이다

이제는 정보가 강력한 무기가 되는 세상이다. 나는 아직도 모르는 것이 있으면 초록색 창에 검색한다. 하지만 아이들은 바로 유튜브로 검색한다. 우리나라뿐만 아니라 전 세계 모든 콘텐츠가 검색된다. 그래서 아이들이 체감하는 세상은 예전의 우리보다 넓다. 그 넓은 세상을 만날 수 있는 방법 또한 너무 간편해졌다. 이제 어린아이들조차 손에 스마트폰을 들고 다니는 것을 많이 보게 되지 않던가? 좋고 나쁘고를 떠나서 시대의 흐름이란 생각이 들기도 한다. 아이들은 저마다의 세상을 그 작은 손에 들고 다니는 셈이다.

불과 몇 년 전만 해도 우리에게 영어는 대학에 가기 위한 시험 과목 중 하나였다. 대학에 가고 나서는 학점을 받기 위한 과목이었고 취업을 위한 공인 시험점수를 받기 위한 과목이었다. 우리에게 영어는 계속 시험 과목이었다. 자유로운 여행이나 외국인과의 의사소통을 위한 영어를 바라긴 했지만 현실에서는 그다지 필요하지 않았다. 여행을 가지 않고 외국인과 대화할 일이 없다면 영어가 필요 없었던 것이다.

나는 아이들과 학교 시험을 위한 공부를 하고 있긴 하지만 한 번씩 다양한 방법으로 영어를 써보는 기회를 가진다. 흥미 있는 분야에 대해 유튜브를 찾아서 보기도 하고 기사를 찾아보기도 한다. 그리고 어떤 부분을 가지고는 수업을 하기도 한다. 영어로 게임을 하기도 하고 애니메이션 더빙을 하기도 한다. 이런 수업이 아이들의 영어 실력

향상에 얼마나 효과적인지에 대해서는 의견이 분분하다. 하지만 한 가지 확실한 것은 아이들이 좋아하고 더 잘하고 싶어 한다는 것이다. 아이들은 영어를 공부하는 것보다 영어로 무언가를 해보는 것에 더 큰 관심을 가지고 있었다.

영어는 더 이상 교과서나 시험지 안에만 있지 않다. 이제 영어는 나와 우리 아이들의 관심사나 취미의 폭을 넓혀 준다. 그리고 우리 아이들의 꿈의 크기를 키워 준다. 더 나아가서는 일과 학습 분야에 있어서 전문성을 더해 준다. MOOC(Massive Open Online Course)라는 '온라인 공개 수업'을 통해서 우리는 무료로 유명 대학의 수업도 들을 수 있고 유명한 강의도 들을 수 있다. 이 얼마나 놀라운 세상인가? 내가 배우고자 하는 마음만 먹는다면 길이 끝도 없이 펼쳐져 있는 것 이다. 영어로 만날 수 있는 세상의 정보는 무궁무진하다. 이제 더 이 상 영어에 발이 묶여 두려워하지 말고 직접 찾고 알아보고 배우자. 더 좋은 방법이, 더 넓은 세상이 지금 내 앞에 끝도 없이 펼쳐져 있다 는 것을 알아야 한다.

내 아이에게 맞는
방법은 따로 있다

아이의 성향부터
파악하라

은서는 노래를 잘 따라 했다. 아이들의 경우 짧은 영어 문장이나 단어들을 노래로 외우곤 했는데 은서는 몇 번 들은 노래는 금세 외워서 따라했다. 암기력이 좋다고 생각했으나 그냥 단어 암기를 하면 다른 아이들과 비슷했다. 은서 엄마는 아이가 어릴 때부터 노래를 들려주면 좋아했다고 했다. 영어를 처음 접하게 해 준 것도 영어 동요였단다. 은서의 경우 노래로 접근하면 더 쉽고 재미있게 느꼈다. 언제까지고 영어를 노래로 배울 수는 없겠지만 노래를 통해 거부감 없이 영어 기초를 다져나갈 수는 있었다. 그렇게 영어에 어느 정도 자신감이 생기면 아이는 스스로 영어를 잘한다고 생각하고 영어를 좋아하게 된다.

이런 일은 비단 은서에게만 해당되는 이야기는 아니다. 논리적이고 수학적인 부분을 좋아하는 성훈이는 문장의 구성과 문법에 재미를 느꼈다. 성훈이의 영어 시작점은 그 부분이 되는 것이다. 이야기와 상황극을 좋아하는 은영이는 리딩을 좋아했다. 수업 중 동화책을 원서로 읽는 시간을 가장 기다렸다.

이렇게 아이들은 어릴수록 호불호가 정확하다. 그리고 자신의 감정을 숨기는 법을 잘 모른다. 자신을 알아주길 바라는 마음이 강하기 때문이다. 그래서 나는 아이들이 무엇이 좋다, 싫다는 이야기를 할 때면 귀 기울여 듣고 적어 놓는다. 아이의 성향을 빨리 파악할수록 가르치는 데 많은 도움이 되기 때문이다. 저마다의 기질과 특성은 학습 효과와 아주 밀접한 관계가 있다.

스스로를 믿어야 한다

엄마 손에 이끌려서 학원에 들어온 하윤이는 조용하고 얌전했다. 하윤이가 나에게 처음으로 물어본 말은 "하루에 단어는 몇 개 외워야 돼요?"였다. 하윤이가 다녔던 학원은 말하기와 어휘를 중심으로 하는 학원이었다고 한다. 수줍음 많고 내성적인 하윤이가 따라가기에는 다소 버거웠을 것 같았다. 나는 하윤 엄마에게 상담 전 미리 하윤이가 공부했던 교재를 가져와달라고 부탁했었다.

"하윤이는 성실해요. 잘하진 못하지만 정말 열심히 했어요."

하윤이의 노트에는 단어가 빽빽하게 적혀 있었다. 하윤이가 하루에 외우기에는 양이 많아 보였다. 완벽하게 숙제를 마무리해야 만족하는 성격의 하윤이는 그날의 단어 암기조차 되지 않으면 다른 진도나 수업은 따라갈 수 없었다. 심지어 말하기 수업이라 겨우겨우 문장을 읽어내기만 했을 뿐이었다.

경쟁적으로 단어를 외우는 것을 좋아하는 아이에게는 효과적인 학습 방법이었겠지만 하윤이에게는 따라가기 어려웠을 방법이다. 나는 하윤이의 어휘 공부법을 단어 암기가 아닌 자주 반복해서 말하는 방법으로 바꾸었다. 말하기는 쉬운 리딩 책으로 선생님과 친구들과 번갈아 가면서 큰 소리로 읽는 낭독수업과 애니메이션 더빙 수업으로 진행했다.

영어에 느끼는 부담감을 먼저 줄여 주고 나니 아이는 서서히 경직되었던 마음을 풀기 시작했다. 사실 공부량은 더 많아졌다. 단지 완벽하게 외우기보단 문장, 단어 쓰기와 문제 풀이로 공부의 방향이 살짝 달라졌을 뿐이다. 공부량이 많아졌어도 이 방법이 하윤이에게는 더 맞는 것이었다. 하윤이는 심지어 숙제를 내 준 것보다 더 해오기도 했다.

하윤이가 눈에 띄게 좋아지기 시작한 것은 영어 실력이 아니라 자존감이었다. 영어가 이제 하윤이에게는 공부해 볼 만한 과목이 된 것이다. 전에는 해도 안 되니 너무 어렵게만 느껴지고 자신감을 잃어 갔었다. 나는 해도 안 되나 보다. 영어는 나와 안 맞나 보다. 아이들은 정말 너무 쉽고 빠르게 자신에 대해 결정해 버리고 단념한다. 그런데 이제는 작은 부분이지만 자기가 하는 만큼 영어 실력이 늘어나는 것을 느끼게 된 것이다.

처음엔 정말 겨우 알아들을 만큼 작은 목소리였고, 혼자 읽는 것은 어려워서 선생님과 같이 읽곤 했다. 하지만 같은 문장을 읽고 또 읽고 문장이 익숙해지다 보니 조금씩 목소리가 커졌다. 자신감이 붙기 시작한 것이다. 아이들에게 무얼 좋아하느냐고 물어보면 아이들은 백이면 백 자신이 잘하는 것을 좋아한다고 이야기한다. 하윤이는 실력이 늘어나는 만큼 영어를 좋아하게 될 것이다.

처음에는 쉽고 자신이 잘한다고 느끼게 하는 것이 좋다. 그렇게 조금씩 난이도가 올라가고 학습량도 늘어나야 한다. 정확한 시기에 정확한 피드백이 중요하다. 아이가 자신감을 잃었다고 해서 무조건 잘한다, 잘할 수 있다며 용기를 북돋워 주는 것은 그다지 좋은 결과로 이어지지 않는 경우가 많다. 아이가 부모님이나 선생님에게 신뢰감을 못 느끼게 된다. 아이들은 스스로 자신의 실력이 어느 정도인지 알고 있다. 그런데 부모님은 자꾸만 잘할 수 있다고 하니 답답하고 화가 나는 것이다. 이때 시기적으로 사춘기까지 겹치면 모든 아이가 약속이나 한 듯이 외친다.

"엄마는 아무것도 모르면서!"

이럴 때일수록 아이가 스스로 느껴야 한다. 엄마나 아빠, 선생님의 격려나 위로가 아닌 스스로 잘하고 잘할 수 있다는 믿음이 필요하다. 스스로 쌓아올린 성과가 필요한 것이다.

스스로 약속하고
지키게 하라

요즘에는 아이들이 바쁘다 보니 엄마들이 많은 부분을 챙겨 준다. 학원 차량이 있으면 좋겠지만 그렇지 않다면 엄마가 직접 아이를 데려다 주고 데리고 와야 한다. 중간 중간 시간이 되면 간식도 챙겨서 먹여야 하고 학원 숙제도 챙겨야 한다. 사실 이 모든 것을 아이가 스스로 해내야 한다고 생각하긴 하지만 그러기가 쉽지 않다. 요일별로 다니는 학원도 다르고 시간도 다를 뿐더러 학원 스케줄이나 시간표 변동 같은 부분은 엄마들이 결정하기 때문이다.

그래도 고학년으로 올라갈수록 아이 스스로 해결하도록 해야 한다. 처음엔 쉽지 않겠지만 조금씩 아이 스스로 할 수 있도록 해야 한다. 그게 되지 않으면 아이는 알게 모르게 시키는 것만 하고 그 이상은 자신의 일이 아닌 것처럼 신경을 쓰지 않는다. 그런데 이런 부분이 공부에도 많은 영향을 끼친다.

성호가 그랬다. 성호는 축구를 제외한 다른 학원이나 공부는 자신의 일이 아니라 엄마가 시켜서 하는 것이라 생각했다. 그 이상도 그 이하도 아니었다. 성호는 숙제를 빼먹는 경우가 많았고 교재를 놓고 오기도 했으며 수업에 늦는 일이 잦았다. 성호 엄마는 보통 남자아이들이 꼼꼼하지 못한데 유독 성호가 더 심한 편이라면서 그런 일이 있을 때마다 미리 전화해 주었다. 성호는 스스로 자신이 숙제를 안 해 왔거나 늦는 부분에 대해서 그다지 잘못했다는 생각을 하지 않았다.

나는 성호 엄마에게 숙제를 대신 확인하지 마시라고 부탁드렸다. 성호 엄마는 그러면 성호가 아무것도 하지 않을 것이라며 난색을 표했다. 나는 그럼 그냥 하지 않게 두라고 했다. 성호는 그날 이후 몇 번이나 숙제가 뭔지도 모른 채 학원에 왔다.

나는 수업이 끝나면 저녁 먹기 전까지 친구들과 축구하는 것이 일상인 성호를 학원에 붙잡아 앉혔다. 성호는 친구들이 기다린다며 화를 내기 시작했다.

"선생님하고 먼저 약속했잖아. 친구들은 고작해야 오늘 하루 기다리는 거겠지만 선생님은 지금 네가 선생님이랑 한 약속을 지키기를 아직도 기다리고 있잖아. 서운하고 화나는 건 네가 아니라 선생님일 것 같은데?"

성호는 아무 말도 없이 자리에 앉았다.

"선생님하고의 약속도 지켜줘. 영어 숙제는 전적으로 네가 하는 거고 네 책임이야. 선생님은 너랑 공부하는 거지 엄마랑 하는 게 아니잖아."

그날 이후로 성호가 드라마틱하게 큰 깨달음을 얻어 열심히 공부하고 숙제를 했다면 더 극적인 결론에 도달했겠지만 그렇지는 않았다. 성호는 그날 이후로도 몇 번이나 친구들과의 축구 모임에 가지 못한 채 학원에 남아 숙제를 하기도 했고 학원 시간을 혼동해서 늦기도 했다. 하지만 분명히 나아지고 있었다.

"어릴 때부터 약속은 꼭 지키려고 했어요. 저도 성호 아빠도 성호랑 약속한 거는 꼭 지키는 편이구요."

당시 성호 엄마가 성호에 대해 해준 이 말이 우리의 키 포인트였다. 그래서 나는 성호에게 선생님과의 약속에 대한 책임감을 강조했다. 새끼손가락도 걸고 숙제를 해오겠다는 약속의 각서도 받곤 했다. 아마 다른 방법으로 접근했다면 더 오랜 시간이 걸릴 수도 있었을 것이다.

누구나 공부하면서 슬럼프가 오기도 하고 고학년으로 올라가면서 어려움을 겪기도 한다. 이때 아이의 성향과 기질적인 특징을 알고 접근한다면 좀 더 수월하게 난관을 지나갈 수도 있다. 물론 아이들은 성장하면서 많이 바뀌고 달라지며 어떤 문제들은 엄마나 선생님의 도움 없이 혼자 해결해야 하는 일도 많을 것이다. 그러나 이렇게 어려움을 극복해낸 경험은 공부뿐만 아니라 앞으로 아이가 살아가면서도 만나게 될 문제 앞에서 큰 힘이 될 것이다.

영어 눈치가
느는 아이들

원서 교육 열풍

영어 눈치란 무엇일까? 처음에 아이들에게서 이런 능력(?)을 보게 되었을 때는 영어를 공부하며 겪게 되는 과정 중 하나인가 보다 생각했었다. 몇 명의 아이들에게만 보게 되는 것이 아니라 다수의 아이들에게서 이런 잘못된 방식이 버릇처럼 자리 잡은 것을 보았기 때문이다. 하지만 아이들이 시간이 지난 후에도 그런 식으로 영어를 받아들이는 것을 보고 걱정이 되기 시작했다. 아이들은 어쩌다가 영어 실력이 아니라 영어 눈치가 늘게 된 것일까?

영어 원서 읽기 열풍이 불기 시작했다. 물론 지금은 영어를 공부하는 좋은 방법 중 하나로 자리 잡긴 했지만 당시에는 전에 없던 새로운 공부 방법이 생긴 것이었다. 처음에 나는 의구심을 갖기도 했다. 왜냐면 그 당시 내 주변의 선생님들 중 원서로 공부해서 영어를 잘하게 되었다는 사례를 접해 보지 못했기 때문이다. 그리고 내가 원서로 가르쳐보니 결과가 좋게 나오지도 않았기 때문이다. 그래서 그냥 유행처럼 번지는 영어 공부법 중 하나라고만 생각했다. 하지만 현실은 달랐다.

하루에 몇 시간씩 꾸준히 아이들에게 영어 원서를 읽히고 들려주면 아이가 자연스럽게 영어를 마스터한다는 데 엄마들은 열광했다. 점점 높아져만 가는 사교육비에 대한 반발이었을까? 엄마표 영어도 이때부터 붐이 일었던 것 같다. 하지만 아무래도 직접 가르치는 것이 부담스러웠던 엄마들은 학원에 원서 수업을 요청하기 시작했다. 학원가에는 발 빠르게 원서 수업반이 개설되고 있었다. 한 번도 원서로 가르쳐 보지 않던 선생님이 갑자기 원서를 아이들에게 가르치기 시작했다. 뭔가 잘못되어간다는 생각이 들었지만 한번 불기 시작한 열풍은 쉽게 꺼질 기미가 보이지 않았다. 나는 원서 수업에 대해 찾아보기 시작했다.

일단 엄마표 영어 원서 교육을 알아보았다. 이것은 학원에서 소화할 수 있는 부분이 아니었다. 일단 수업 시간도 너무 길었고 결과가 나오기까지의 기간도 너무 길었다. 이 정도 양과 시간이라면 어떤 방법으로 공부를 하든 영어를 잘하지 않고는 못 배길 것 같았다. 원서로 수업을 하고 있고 대기자까지 있는 학원에 찾아가 보았는데 교재만 원서로 바뀌었을 뿐 수업 내용이나 방식은 크게 다를 것이 없었다. 단어 찾고 외우고 시험 보고… 이게 무슨 원서 교육인가? 심지어 그 학원에서 사용하는 원서는 재미도 없는 영어 고전이었다.

혹시나 오해가 있을까 싶어 설명하자면 우리가 읽었던 한글 번역본 세계 명작 소설과 영어 고전 소설은 많이 다르다. 일단 어휘부터 실생활에서 잘 쓰이지 않는 단어가 많다. 아이들은 쓸 일도 없고 그 소설 외에는 잘 보기도 어려운 단어들을 달달 외우는 매우 비효율적인 방식으로 공부하고 있었다. 그러나 아이러니하게도 엄마들은 열광했다.

원서 교육 열풍은 사그라지지 않았다. 대신 어느 정도 체계적으로 자리를 잡아가기 시작했다. 하지만 그때도 나는 확신할 수 없었다. 과연 이게 효과가 있는지 실험적으로 가르쳐 볼 수도 없는 노릇이었다. 그런데 여기저기서 성공 사례와 실패 사례가 나오기 시작했다.

민서는 중학교에 올라가면서 영어 원서 읽기 공부를 그만둔 케이스였다. 적나라하게 말하자면 실패한 케이스로 나에게 찾아왔다. 민서는 영어 원서 읽기를 좋아했다. 나는 아이가 읽는다던 영어 원서를 살펴보았다. 현재 수준에 맞는 난이도를 가진 책인지 보기 위함이었다. 신기하게 아이가 좋아하는 책은 중구난방이었고 난이도도 천차만별이었다. 아이는 어떤 책의 내용은 잘 알고 있었지만 어떤 책의 내용은 하나도 몰랐다. 책을 소리 내어 읽어보라고 하자 아이는 잘 읽지 못했다. 한 페이지에 단어 몇 개 정도를 모르는 것은 괜찮지만 민서는 절반도 제대로 읽지 못했다. 당연히 내용은 알 수 없을 것이 뻔했다.

나는 많이 당황스러웠다. 나보다 더 놀란 것은 민서 엄마였다. "너 이 책 무슨 내용인지 저번에 다 이야기해 줬잖아." 엄마는 속상한 마음에 아이를 다그치기 시작했다. 나는 조금 더 쉬운 책을 가지고 왔다. 삽화가 들어가 있는 챕터 북이었다. 아이는 유창하진 않았지만 책을 그런 대로 읽을 수는 있었다. 하지만 그마저도 많이 틀렸다. 내용을 물어보자 아이는 자신이 아는 단어만을 가지고 눈치껏 지어내기 시작했다. 그런데 아이가 지어낸 내용이 동화책의 내용과 맞아 떨어졌다. 민서 엄마의 마음이 누그러졌다. 비슷한 난이도의 책을 그림 없이 글자만 인쇄된 종이로 가지고 와서 읽어 보라 하자 아이는 당황했다. 아이가 말한 내용이 이번에는 달랐다. 설명 드리지 않아도 엄마는 뭔가 문제가 있다는 것을 알게 되었다.

민서의 경우는 엄마가 당시의 상황을 잘 받아들인 케이스였다. 실상은 그렇지 못한 경우가 더 많다. 지금은 영어 원서 읽기 교육 책도 많이 나와 있고 방법도 자세하게 나와 있다. 그래서 참고하고 확인해 보자 마음만 먹으면 잘 알 수 있다. 그러나 그때는 그렇지 못했기 때문에 그저 선생님의 말과 교육방향을 믿고 따르는 수밖에는 없었다.

원서로 공부하기 전 확인할 3가지

나는 개인적으로 영어 원서 공부법은 정말 좋은 방법이라고 생각한다. 다만 모든 공부법이 그러하듯이 올바른 방법으로 공부했을 때 그렇다. 올바른 방법은 저마다의 기준이 다르기에 딱 이것이 정답이다 말하긴 어렵겠지만 그래도 지금 내 아이가 영어 원서로 공부를 하고 있다면 몇 가지는 엄마가 확인해 주길 바란다.

첫째, 내 아이의 한글 책 읽기 수준과 영어 원서 읽기의 책 수준이 맞는가?

의외로 잘 지켜지지 않는 부분이다. 엄마들은 내용이나 문장 구성의 어려움과 상관없이 한 페이지에 문장이 몇 개 없으면 쉬운 책이라 생각한다. 하지만 그렇지 않다. 문장 구조 자체가 어려운 경우도 있다. 그리고 문장이 짧아도 시는 아이들이 이해하기 어렵다는 것을 생각해 봐야 한다. 아이가 한글 동화책을 읽는 수준을 확인하고 원서의 난이도를 결정하는 것이 좋다. 아이가 영어 원서를 읽을 수 있다고 다 이해할 수 있는 것은 아니다. 우리 아이들이 한글을 다 읽을 줄 알아도 어려운 책은 이해하지 못하는 것과 같다. 읽는 것 자체가 중요한 것이 아니라는 사실을 염두에 두어야 한다.

둘째, 아이가 책을 직접 책을 고른다면 정말 좋겠지만 그렇지 않다면 적어도 아이가 관심 있어 하고 좋아할 만한 책으로 하자.

학원이나 엄마가 정해 주는 순서에 따라 아이가 읽는 것은 좋지 않다. 지루하고 재미없는 책이 읽힐 리가 없지 않은가? 남자아이들에게 바비인형의 화장법과 드레스 골라 입고 파티에 가는 책을 읽으라 한다면 집중해서 내용을 잘 파악할 수 있을까? 재미를 느낄 수 있을까? 아이의 관심사와 수준이 맞는 책으로 시작하자.

셋째, 아이가 소화하는 수준에 맞추어서 단계별로 난이도 조절을 해야 한다.

가끔 아이가 어떤 한글 책을 재미있게 봤으니 그것의 영어 원서로 공부하면 좋겠다고 하는 엄마들이 있다. 하지만 아이가 좋아한다고 다 읽을 수 있는 것은 아니다. 엄마가 직접 그 원서를 읽어 주는 것은 좋다. 아이가 아직 한글을 제대로 읽지 못했을 때 엄마가 동화책을 읽어 주던 것처럼 말이다. 아이가 아직 혼자서 책을 잘 읽지도 못하고 아는 단어도 별로 없다면 혼자 책을 읽어서 공부하는 방법으로는 할 수가 없다. 그때는 엄마가 읽어 주는 것이 맞다. 아이가 한글 책을 어떻게 읽기 시작했는지 생각해 보자. 아이가 말도 잘하고 엄마가 읽어 주는 동화책도 다 이해하고 있지만, 직접 책을 읽기 위해서는 글자를 익히고 단어 읽는 연습을 하고 받침 없는 동화를 읽는 연습을 하지 않았는가? 영어도 이런 순서로 차근차근 가야 한다.

눈치가 아니라
실력을 키워야 한다

　요즘에는 영어 원서로 어떻게 공부해야 하는지에 대한 안내 책자도 많고 학원도 많다. 이런 공부 방법으로 아이를 교육시키고자 한다면 참고하고 상담도 여러 군데 받아보는 것이 좋다. 왜냐하면 아직도 영어 눈치만 쌓인 친구들을 현장에서 계속 만나게 되기 때문이다. 읽었지만 읽은 것이 아니고 책을 보기만 하는 아이들이 아직도 많다. 북 리포트가 쌓여가고 몇 권 읽었는지 경쟁하듯 권수를 늘리는 것이 다가 아니다. 어떤 친구는 책을 읽고 나서 선생님과 독후 활동을 한후 북 리포트를 작성했다고 한다.

　"책 읽어 오는 게 숙제인데 안 읽어도 돼요. 어차피 학원에서 선생님이랑 친구들이랑 무슨 내용이었고 어떤 부분이 좋았고 재미있었는지 다 이야기하거든요. 그다음에 북 리포트 써요."

　숙제는 30페이지를 읽고 그중 가장 감명 깊거나 재미있었던 문장을 쓰는 것이라고 했다. 아이는 숙제 페이지 중에서 아무 문장이나 골라서 써갔다고 했다. 그렇게 작성한 노트가 6권이나 되었다. 읽은 책은 200여 권 정도라고 했다. 아이의 처음 영어 실력이 어땠는지는 모르나 분명 처음보다는 늘었을 거라 생각한다. 하지만 과연 이런 방식이 얼마나 효과적일지는 생각해 봐야 할 문제다. 아이의 영어 실력보다 영어 눈치가 더 많이 늘었을지도 모른다.

03

열심히 외운 단어
어디서 쓸까?

단어,
무작정 외우기만 하면 될까?

가장 손쉽게 지금 당장 시작할 수 있는 영어 공부는 뭐가 있을까? 바로 어휘다. 단어를 많이 알아야 읽어도 무슨 뜻인지 알고, 말도 잘할 수 있다. 그래서 어떤 공부법이든 어휘를 많이 아는 것이 중요하다고 한다. '초등 주요 암기 단어 몇백 개 완성', '중·고등 어휘 몇천 개 완성' 같은 어휘 책은 영어 공부 코너에서 꾸준히 잘 팔리고 있는 책이다.

얼마 전 도서관에서 내가 학창시절에 보던 책을 가지고 공부하는 중학생을 보고 소름이 끼쳤다. 몇십 년이 지나도 우리 아이들이 어휘 공부하는 방법은 바뀌지 않은 것이다. 연습장에 빽빽하게 단어와 뜻을 적어가면서 열심히 외우고 있는 그 친구를 보며 마음이 답답해졌다. 그렇게 열심히 외운 단어 어디서 쓸 거니?

꼼꼼하고 차분한 지연이는 항상 자신이 직접 만든 영어 단어장을 들고 다녔다. 앞쪽에는 단어, 뒤에는 뜻과 품사가 적혀 있었다. 나는 지연이가 적어놓은 'take'라는 단어의 뜻을 읽다가 그만 큰소리로 웃고 말았다. 적어 놓을 뜻과 숙어가 너무 많아 10장 가까이를 써놓은 것이다. "지연아, take 뜻이 뭐야?" 지연이는 두 볼이 발그레해지면서 대답했다. "어… 잡다, 가져가다, 얻다, 타다… 어… 그리고… 되게 많아요." 몇 장 넘기자 이번에는 'fall'이라는 단어가 쓰여 있었고 마찬가지로 몇 장이나 뜻과 품사가 적혀 있었다. 과연 이런 방법으로 지연이는 단어를 잘 외울 수 있을까?

영어 독해를 하다가 모르는 단어를 만나면 사전을 찾아본다. 단어는 하난데 뜻은 어마무시하게 많다. 그러다 보니 단어 하나 외우는데 시간이 너무 많이 걸린다. 어디서는 예문과 함께 외우라 한다. 또 어디서는 어원과 어근, 접두사, 접미사를 보는 식으로 접근해서 외우라 한다. 고학년이라면 그런 방식이 효율성을 떠나서 가능할 수는 있다. 하지만 초등학생 같은 경우는 어떨까?

'봄'을 뜻하는 'spring'이라는 단어를 몰랐다고 하자. 그래서 아이가 사전을 찾아봤는데 spring의 뜻이 한 페이지가 넘어간다면? 그 단어를 이해하기 위해서 또 다른 단어를 찾아보고 어원에 대해서 공부해야 한다면? 마음속에서는 영어와의 이별을 준비할 것이다. 영어야, 안녕. 내 인생에서 다시 만나지 말자.

우리는 한국 사람이므로 한국어에 매우 능통하다. 그럼 이제 말해 보자. 동음이의어와 다의어의 차이에 대해 설명할 수 있는가? 쉽게 대답하지 못하는 사람이 많을 것이다. 아이들이 영어 단어를 이런 식으로 외우고 있는 것이다. '손'이라는 단어를 사전에서 찾아봤는데 뜻과 예문이 함께 적혀 있다고 가정해 보자.

- 깨끗하게 손을 씻자 : 신체의 일부
- 이 일은 손이 많이 간다 : 어떤 일에 들어가는 노동력
- 다 내 손 안에 있지 : 영향력
- 우리 함께 손잡고 이 문제를 풀어보자 : 협력

'손'이라는 단어 하나에서 이렇게 많은 뜻과 쓰임새를 외워야 한다면 너무 어렵지 않을까? 아이들이 막 한글을 배울 무렵 "엄마, 손이 뭐야?"라고 물어봤을 때 이렇게 많은 뜻을 설명해 주었는가? 왜 영어 단어는 이렇게 외우라고 하는 걸까?

지연이의 영어 단어장은 이 지경이었다. 선생님이 예문과 여러 가지 뜻을 다 외우라고 했단다. 지연이는 그저 쓰라니 쓰고 외우라니

외웠다. 나는 지연이에게 몰라서 찾아본 그 뜻 하나와 예문 하나만 외우라고 했다. 지연이는 두 눈을 동그랗게 뜨고 물어봤다.

"그럼 다른 뜻은 어떻게 해요?"

"그건 그때 가서 외워."

예를 들어 "배가 달다."라는 문장을 보자. 여기서 말하는 배가 사람의 배라고 생각하는 사람은 없을 것이다. 하지만 "배가 차다."는 어떨까? 먹는 배일까, 사람의 배일까? 이 짧은 문장 하나로는 알 수 없다. 전체 문맥을 봐야 한다. "냉장고에 넣어둔 배가 차다."라는 문장이라면 사람의 배가 아니라 먹는 배라는 것을 알 수 있다. 영어도 마찬가지다. 그래서 예문과 함께 외우는 것이 효과적이라는 것이다. 무작정 하나의 단어에 여러 가지 뜻을 다 적어 놓는 것이 아니라 그 단어가 어떤 문장에서 어떻게 쓰이는지를 외우는 것이 더 효과적이다.

어휘가 쓰이는
상황도 함께 익혀라

'여름 방학 어휘특강 800단어 완성', '이번 겨울 중등단어 다 외우고 고등부 가자' 등 방학이 되면 학원가에서 특강 안내 현수막을 자주 볼 수 있다. 어휘라도 많이 습득해 두면 새 학기에 공부하는 데 조금이라도 도움이 되지 않을까 하는 마음에 이러한 수업을 듣는 학생들이 많을 것이다. 하루 30개씩 30일만 한다면 충분히 가능하리라고 생각한다.

사람의 이상과 현실이 이렇게 다르다. 계획대로 일이 굴러가지 않는 이유를 여기서 또 한 번 확인할 수 있다. 하루 30개 정도는 충분히 외울 수 있다. 그런데 3일을 외운다 치면 90개를 전부 다 기억할 수 없다. 10일 후 300개도 당연히 기억 못한다. 내가 장담할 수 있다. 내가 영어를 공부하고 가르친 수십 년 동안 외운 모든 것을 다 기억하는 사람은 단 한 명도 못 봤다. 나도 안 된다. 나는 애초에 그렇게 공부할 생각조차 하질 않는다. 혹시 지금 이 책을 보는 독자 중에 가능한 분이 있는가? 축하드린다. 언어 천재시다. 꼭 뵐 수 있길 바란다. 내가 살면서 한 번도 보지 못했기 때문이다.

어휘는 꼭 어떤 상황에서 어떻게 쓰이는지를 같이 익혀야 한다. 미드나 영어 원서 챕터 북, 특히 시리즈로 연결되는 것으로 공부하는 것이 좋다. 미드에 나오는 등장인물들은 각각의 성격이나 하는 일, 상황 등에 따라 쓰는 말투와 단어가 있다. 그 등장인물을 따라 하다 보면 자연스럽게 어휘와 표현법을 익힐 수 있다.

한 작가의 책을 시리즈로 보는 것이 좋은 것도 같은 이유다. 책에 등장하는 주인공의 성격과 상황에 따라 쓰는 말이 크게 달라지지 않는다. 그리고 그 작가가 즐겨 쓰는 단어도 있다. 그래서 자꾸 보다 보면 익숙해지는 것이다. 학생이라면 학생이, 직장인이라면 직장인이 주인공으로 나오는 미드나 원서로 공부하는 것이 좋다. '이런 상황에서는 영어로 이렇게 이야기하는구나' 알 수 있다. 영어 실력이 기초여도 유아 영어 만화를 보면서 공부할 필요는 없다. 자신의 상황에 맞는 미드나 영화나 원서를 골라서 거기 나오는 표현 중 가장 쉬운 것부터 하면 된다. 자료는 넘쳐나는 시대다.

'블루투스(bluetooth)'라는 말을 처음 들었을 때가 생각난다. 블루투스는 휴대전화, 노트북, 이어폰, 헤드폰 등의 휴대기기를 서로 연결해 정보를 교환하는 근거리 무선 기술 표준을 뜻한다. 나는 처음에 블루투스가 뭔지 몰랐다. 몇 번 들어보긴 했는데 관심도 없었다. "그래서 블루투스가 뭔데? 파란 이빨? 그게 뭐야, 대체?" 친구는 숨넘어가듯이 웃더니 "물건들끼리 서로 무선으로 정보를 주고받는 거야. 영화에서나 나오던 일들이 이제 우리 삶에서도 가능해진 거지."라고 말해 주었다. 나는 블루투스의 뜻은 알았는데 그 말을 어떻게 사용하는지는 몰랐다. 왜냐하면 실생활에서 그 말을 사용하는 사람이 없었고 어떻게 쓰이는지 들어본 적이 없어서였다. 단어와 뜻만 달달 쓰면서 외우는 것은 이것과 별반 다를 바 없다. 뜻을 안다 한들 그것은 죽은 단어다. 어디서 어떻게 쓰이는지를 함께 익혀야 살아 있는 단어가 된다. 내가 쓸 수 있는 단어가 되는 것이다.

04

엄마표
영어의 민낯

잘하는 것과
잘 가르치는 것

나에게 영어를 배우는 수강생 그룹 중에 엄마 그룹이 있다. 시작은 엄마들의 영어 공부였다. 하지만 수업을 하다 보니 그들이 영어를 배우는 목적은 자신의 아이를 직접 가르치기 위함이라는 것을 알게 되었다. 대부분 유치원생이나 초등학교 저학년 아이를 둔 엄마들이었다. 고학년 아이들을 엄마가 직접 가르치는 경우는 정말 드물다. 그만큼 힘든 일이기 때문이다. 영어 실력 때문이 아니라 다른 부분들 때문에 그렇다. 엄마들은 본인이 영어를 잘해야 아이를 잘 가르칠 수 있다고 생각한다. 완전히 틀린 말은 아니다. 하지만 영어를 잘하는 것과 잘 가르치는 것은 다른 이야기다.

나는 엄마표 교육에 정말 관심이 많다. 그것은 내가 엄마의 입장이기도 하고 선생님의 입장이기도 해서 그렇다. 유명한 책들은 가능하면 다 읽어 보는 편이다. 어떤 책들은 엄마의 입장에서 읽어 봐도 너무나 대단하고 선생님의 입장에서 읽어 봐도 대단하다. 그런데 늘 드는 생각은 엄마만 대단한 것이 아니라 아이도 대단하다는 것이다. 그 엄마에 그 아이구나 싶다. 그런데 내 아이도 그럴까?

이상하게 내 아이는 그렇지가 않다. 내가 예상했던 반응이 아닌 것이다. 이런 똑같은 상황들이 엄마들이 엄마표 교육을 할 때 매번 겪어야 되는 순간이다. 책 속의 아이는 너무나도 재미나게 잘 보던 만화 영화를 내 아이는 너무 싫단다. 크게 신경 쓰지 말고 그냥 들으라고 틀어놓은 CD도 아이는 귀가 아프니 좀 끄라고 소리를 지른다. 책 속에는 다른 대체 방법이 안 나와 있다. 그럼 어떻게 해야 하나? 사실 그것은 어떤 책에도 없지 않을까? 내 아이는 이 세상에 하나뿐이고 그 아이의 엄마도 나 하나뿐이니 말이다.

엄마표로 성공한 케이스를 보면 아이들이 다 어리다. 그 어린 나이에 듣거나 공부하거나 읽어야 하는 양을 계산해 본 적이 있는가? 어마어마한 시간이다. 물론 그 시간을 아이들이 즐긴다면 좋다. 하지만 아닌 아이들이 더 많다. 슬퍼 마시라. 엄마표 영어의 책을 덮게 되는 사소한 이유는 저마다 다르겠지만 내가 만난 케이스는 크게 세 가지로 나눌 수 있었다.

첫째, 아이의 영어 시작 나이가
어리지 않다

영어를 공부처럼 가르치고 싶지 않다. 편안하게 생활 속에서 습득하길 바란다. 그래서 아이가 커가면서 이런저런 엄마표 영어 책을 읽어 본다. 아이가 유치원에 들어가고 이때쯤 되면 엄마들 사이에서 영어 유치원에 대한 이야기가 나온다. 가격이 어마어마하다. 저 가격이면 내가 영어 천재가 되고도 남겠다. 그동안 읽은 엄마표 영어 책의 진가를 확인해 볼 때가 온 것이다. 그런데 아이가 관심이 없다. 이럴 때는 어떻게 해야 하는지 잘 모르겠다. 여기저기 물어보니 아직 아이가 받아들일 때가 안 되었단다. 그래, 아이가 관심이 생길 때 들이부어야 하나 보다.

엄마는 언제 올지 모를 그때를 기다린다. 때가 왔는데 못 알아차린 것인지, 아직 안 온 것인지 모르겠지만 일단 아이의 취학 통지서는 제때 왔다. 내년에 입학이다. 영어보다 한글이, 한글보다 숫자를, 숫자보다 생활 습관을 잡아야 할 것 같다. 아이가 학교에 잘 적응할 수 있을까? 지금 이 시기가 아이에게도 스트레스일 텐데 영어를 들이밀 수는 없다. 영어 공부 시작 시기가 책이랑 다르다.

둘째, 준비해야 할 것도 많고
따라 하기가 너무 힘들다

언젠가 친구가 나에게 엄마표 영어를 하겠다고 도움을 청한 적이 있다. 아이의 친구 엄마들과 같이 엄마표 영어를 하려고 하는데 어떻게 해야 할지 가르쳐 달라는 것이었다. 나는 엄마표로 유명한 몇몇 인터넷 카페를 둘러보라고 했다. "나는 못해. 네가 저거의 절반이라도 할 수 있다면 네 아이뿐만이 아니라 내 아이도 가르쳐 다오." 친구는 "할 수 있다" 큰소리를 쳤고 나는 "네가 원하는 세상의 모든 자료를 가져다주마" 장담했다.

친구는 초반에 몇 번 자료를 요청하긴 했지만 그 이후로는 점점 연락이 뜸해졌다. 어떻게 엄마표 교육이 진행되고 있는지 궁금해서 물어봤더니 돌아가면서 서로 자료를 준비하고 공유하면서 진행한다고 했다. "와, 그래. 그런 좋은 방법이 있네. 잘하고 있다. 네가 나보다 더 낫다!" 친구가 잘하고 있다는 소식에 왠지 내가 다 뿌듯해졌다. 한두 달이 훌쩍 지나고 상황이 궁금해진 나는 친구에게 전화를 걸었다. 친구는 웃으면서 영상통화로 전환했다.

전화기 너머의 상황은 말 그대로 난리도 아니었다. 아마도 독후 활동으로 뭔가를 만들어 먹으려고 했던 것 같다. 한 아이는 소시지를 들고 도망 다니고 있었고 한 아이는 계속 "언제 끝나요? 이게 뭐예요? 무슨 소린지 모르겠어요."를 지치지 않고 말했다. 여자아이 하나는 치마를 입고 계속 빙글빙글 돌다가 넘어지고 다시 일어나서 돌았다. 그 중심에서 한 아이의 엄마가 부처처럼 실눈을 뜬 채(고개를 숙이고 있어서 더 그렇게 보였다.) 찬찬히 영어 책을 읽어 주고 있었다.

나는 눈물이 날 정도로 배를 잡고 구르며 웃었다. 모두 득도의 길을 걷고 있었다. "저 엄마 뒤에서 빛이 나! 나 저분을 교과서에서 본 기억이 나!" 아무리 생각해도 이름이 생각나지 않았는데 며칠 지나서 생각이 났다. 그 친구 어머님의 카카오톡 프로필은 그때 이후로 '금동미륵보살반가사유상'이다.

셋째, 아이에게
감정적으로 휘말린다

선생님이 아이를 사랑하고 아끼는 것은 좋지만 감정적으로 아이를 혼내거나 화내면 안 된다. 그런데 엄마들은 그렇게 되기가 너무 쉽다. 어떤 상황에서는 아이가 스스로 헤쳐 나오길 냉정하게 판단하고 기다릴 수 있어야 한다. 강약을 조절해가며 이끌어가야 하는데, 그것은 선생님도 경력이 쌓이고 경험치가 있어야 가능하다. 아이를 파악하고 이끌어간다는 것은 그런 것이다.

그런데 보통 선생님보다 엄마가 이끌어가는 것이 더 힘들다. 왜냐하면 엄마가 아이를 파악하는 것보다 아이가 엄마를 더 정확하게 파악하고 있기 때문이다. 그래서 보통 아이와의 싸움에서 엄마들이 이기는 경우는 드물다. 아이와 감정의 골이 깊어지지 않고 이 시기를 지혜롭게 넘어가기가 어려운 이유가 이것이다.

엄마들이 또 하나 알아두어야 할 부분이 있다. 그것은 바로 학교의 입시 영어 공부와 엄마표 영어 공부는 지향하는 바가 다르다는 것이다. 학교의 영어는 대입과 수능, 내신을 위한 것이다. 한마디로 우리가 학창 시절 내내 해왔던 그 입시영어다. 아마 지금 봐도 문제 패턴이 눈에 익숙할 것이다. 아직도 아이들은 시험에서 to부정사의 용법 문제를 푼다.

하지만 엄마표 영어는 어떤가? 엄마표 영어에는 시험과 등급이 없다. 엄마표 영어는 일단 아이가 어릴 때부터 영어를 공부로 받아들이지 않고 자연스럽게 습득하는 것을 지향한다. 그래서 아이가 나처럼 영어로 고생하지 않기를, 십수 년을 배워도 입도 뻥긋 못하지 않기를 바라면서 시작한다. 서로 지향하는 바도 다르고 공부의 결도 다르다. 엄마표 영어로 열심히 공부를 했어도 아이가 학교 시험을 망칠 수 있다는 이야기다. 그리고 나는 이런 경우를 많이 보아왔다.

엄마표 영어 교육을 하는 엄마들에게 진심으로 하고 싶은 말이 있다. 일단 존경을 표한다. 나는 그 길이 얼마나 어려운 길인지 안다. 나는 엄마들이 얼마나 많은 노력을 들이고 있는지 안다. 혹시라도 누군가 엄마표 영어 교육의 결과가 좋지 않고 아이가 잘 따르지 않는 것을 엄마의 노력 부족 때문이라고 폄하한다면 귀담아 듣지 말고 상처받지 않길 바란다. 엄마로서 최선의 노력을 했다는 것을 나는 안다. 아이의 몸도 보살피고 마음도 보듬으며 공부까지 이끌어 주는 그 길은 누구도 쉽게 갈 수 없는 길이다.

지금 이 순간에도 귀한 시간을 내서 이 책을 읽고 있을 것을 생각하면 글이 쉽게 써지지 않고 마음이 먹먹해진다. 엄마표 영어 교육에 성공한 엄마들은 정말 대단하다. 물론 하지 않는 엄마도, 하다 그만둔 엄마도, 할 생각조차 없는 엄마도 모두 대단하다. 그러니 엄마표 영어에 너무 집착하지 않았으면 좋겠다. 나는 아이에겐 엄마표 영어보다 엄마표 사랑과 엄마표 믿음이 몇 갑절 더 중요할 것이라고 생각한다.

05

자기주도학습보다
자기주도생활부터

자기주도로
영어 공부를 하는 아이

아이 스스로 자신에게 맞는 방법을 찾아 계획하고 실천해서 공부를 한다니, 정말 최고다. 모든 공부의 끝판왕은 자기주도다. 그래서 여기저기서 아이가 스스로 공부할 수 있는 것들이 나오기 시작했다. 살펴보니 정말 이것저것 도움이 될 만한 것이 많다. 심지어 재미있다. 아이가 공부를 즐겁게 한다. 엄마들이 원하는 모든 요소가 들어가 있다. 이제 지갑을 열어야 할 타이밍이다. 그런데 잠깐만 생각해 보자. 우리 아이가 지금 이 순간 자기주도로 해내고 있는 것들이 무엇이 있는가? 생활은 자기주도적으로 하고 있는가? 뭐가 있더라? 어라, 그러고 보니 엄마가 일일이 챙기고 있네? 다른 것은 아직 자기주도가 안 되는데 공부는 자기주도가 될 수 있을까?

지유는 자기주도학습으로 공부를 했다고 한다. 학원을 다니긴 했지만 그 학원에서 추구하는 공부 방식도 아이들이 스스로 공부하는 것이었다고 한다. 랩실에서 이어폰을 끼고 진도에 맞추어서 문제를 풀고 학습이 끝나면 다음 진도로 넘어가는 방식이었다. 이런 식의 학습방법을 추구하는 곳이 많아졌기에 대략적으로 어떤 방식인지는 알고 있었다. 숙제도 그런 식으로 이루어진다고 했다. 지유는 이런 방식으로 공부하는 것이 좋다고 했지만 엄마는 생각이 달랐다. 아이가 그 안에서 혼자 공부하기보다 다른 데 더 관심이 많다는 것이었다.

"처음에는 아이가 집중해서 잘하는 것 같았어요. 옆에서 지켜봤는데 잘하더라고요. 신기하고 재미있어했지요."

자기주도학습으로 신세계를 맛 본 것은 엄마들뿐만이 아니었다. 아이들이야말로 공부의 신세계를 만난 것이다.

정확한 의미의 자기주도학습은 아이가 스스로 자신의 현재 실력이나 상황을 파악하는 데서 시작한다. 그러고 난 후 스스로 지킬 수 있을 만큼의 계획을 세운다. 계획을 실천하고 난 후 개선해야 할 점과 고쳐야 할 부분을 스스로 확인한다. 이것을 혼자서 다 해내야 진정한 자기주도학습을 한다고 할 수 있다. 선생님이나 엄마가 정해준 진도에 맞추어 그 시간에 혼자 공부하는 것은 진정한 의미의 자기주도학습이 아니다. 그렇다면 자기주도학습에서 가장 중요한 부분은 무엇일까? 모든 단계에서 아이 스스로 해낸다면 좋겠지만 자기주도학습의 꽃은 마지막 단계다. 바로 스스로 개선해야 할 점을 확인하는 단계다. 이 단계가 있어야 스스로 영어 실력을 성장시킬 수 있는 것이다. 그런데 지금 자기주도학습이라고 아이들이 공부하고 있는 것들을 살펴보면 이 마지막 단계가 잘 이루어지지 않고 있다. 그저 혼자서 공부하고 있을 뿐이다.

지유 엄마의 말에 의하면 지유는 초반에 공부하는 것도 즐거워하고 신나했다고 한다. 그런데 언제부터인가 공부보다는 그 안에서 부가적인 게임이나 놀이에 더 빠져 들었다는 것이다.

"주객이 전도된 느낌이었어요. 분명 진도가 나간 부분이었는데 따로 물어보거나 확인해 보면 아무렇게나 대답해 버리거나 잘 모르겠다고 하니 답답하더라고요."

지유는 자신이 모르는 부분이나 설명이 필요한 부분에 대한 피드백을 받을 수가 없었던 것이다. 자기주도학습의 가장 중요한 부분이라 할 수 있는 자기 점검을 할 수가 없었다. 간단한 암기가 아닌 설명이나 이해가 필요한 부분에서 아이는 자신이 얼마큼 이해하고 이 단계를 넘어갔는지 정확히 인지할 수가 없었기 때문이다. 그리고 선생님이나 부모님은 아이가 이해하지 못한 부분을 확인하지 않았다. 아이가 문제를 풀고 패스했기 때문이다. 재확인이 이루어지지 않은 것이다.

아이가
해결할 기회를 줘라

이러한 사례만 보면 자기주도학습은 잘못된 것이라 생각할 수도 있지만 도율이의 경우는 달랐다. 도율이도 똑같은 방식으로 공부했지만 주가 아니라 부가적으로 활용했다. 선생님과 엄마가 단계를 정확히 이해하고 넘어갔는지에 대해 정확히 피드백을 준 케이스였다. 아이가 혼자 풀고 패스한 다음 그 단계에 대한 학습 점검이 정확하게 이루어졌다는 말이다. 아이가 혼자 공부하긴 했지만 자기주도학습의 마지막 부분인 점검과 개선해야 할 부분, 고치고 보완해야 할 부분은 선생님과 엄마의 개입이 들어갔다.

저학년 아이들은 자기주도학습을 해나가기에는 어려움이 많다. 이것은 현장에서 내가 아이들을 지도해 보면서 느낀 부분이다. 물론 가능한 친구들도 있다. 어느 정도 기초 실력과 자기조절 능력이 있는 아이들이다. 이것은 고학년과 성인의 경우도 마찬가지다. 자기주도학습은 갑자기 이루어질 수 있는 부분이 아니다. 어느 정도 시간을 두고 조금씩 훈련해 나가야 한다. 어제까지 숙제도 혼자 못하던 아이가 오늘부터 자기주도학습을 할 수는 없는 노릇이다.

엄마마다 육아 방식도 다르고 아이의 성향도 저마다 다르기에 이 부분은 엄마가 준비를 시키고 기다려줘야 한다. 처음에야 답답한 마음도 들 것이다. 아마 엄마가 체크해 주지 않으면 아이는 숙제는 고사

하고 교재도 안 챙기고 학원 시간도 못 지킬 수 있다. 그럴 때 하나씩 아이의 책임으로 넘기는 훈련을 시켜 주어야 한다.

사실 이런 생활 습관이 학습 습관과 연관되는 부분이 많은데 엄마들이 이 부분을 간과하는 경우가 있다. 아이가 어리면 어린 대로, 또 학년이 높으면 높은 대로 하는 것이 많다 보니 공부에만 집중할 수 있도록 엄마들이 다른 부분을 직접 해 주기 때문이다. 하지만 언제까지 챙겨줄 수는 없다. 아이의 주관적인 생활에 너무 깊이 개입하면 아이가 정작 자신의 생활을 컨트롤해야 할 때 힘에 부친다. 이런 부분들이 모여서 갑자기 빵 터지게 되는 시기가 사춘기다.

아이는 부모님의 이런 부분을 간섭이고 잔소리라 생각하지만 정작 혼자 해 버릇하지 못했으니 할 수가 없는 것이다. 엄마 입장에서도 답답하긴 매한가지다. "도대체 네 나이가 몇인데 아직까지 엄마가 이걸 챙겨줘야 하니?"라는 말이 안 나올 수가 있겠는가. 그러니 지금부터 조금씩 아이가 스스로 해결해 나갈 수 있는 기회를 줘야 한다. 갑자기 "이제부터 네가 알아서 다 해."라고 하기에는 엄마도 불안할 것이다. 과연 할 수 있을까. 아침에 혼자 일어나는 것도 못하고 밥도 차려줘야 겨우 먹는데 혼자 자신의 생활과 공부를 조절해 나갈 수 있을지 얼마나 못 미더운가.

그러니 조금 느긋하게 시간을 잡고 하나씩 아이에게 넘겨주어야 한다. 그래야 아이도 자신이 할 수 있는 만큼 조절해 나가면서 스스로에 대한 믿음이 생겨난다. 초반에 힘들어하고 실수하고 실패하더라도 기다려 주고 격려해 주길 바란다. "그러게 엄마가 진작 이렇게 하라고 했지? 너 그러다가 이럴 줄 알았다."라는 식의 비난은 아이로 하여금 다시 시도해 보고 싶은 생각도 들지 않게 만든다.

자기주도학습이 되려면 자기주도생활이 되어야 한다. 스스로를 조절할 수 있는 능력을 매일 생활 속에서 키워 주어야 한다. 그러한 부분이 공부에 있어서도 적용이 된다. 아이 스스로도 자신을 파악하고 자기의 성향을 알 수 있는 기회가 있어야 한다. 이 작은 시작이 되지 않으면 자기주도학습은 어렵다. 엄마도 시간을 두고 아이가 스스로 해나가는 것을 보고 아이에 대한 신뢰를 쌓아가야 한다. 그래야 그 믿음을 가지고 아이의 사춘기도 잘 지나갈 수 있다.

부족한 공부는 다른 방식을 통해서 도움을 받을 수 있다. 학원을 다닐 수도 있고 다른 프로그램이나 학습지로 보완할 수도 있다. 하지만 자기주도는 부모님이 아니면 어느 누구도 도와줄 수 없다. 나는 진정한 엄마표나 아빠표 교육은 이 부분이 아닐까 생각한다.

06

영어, 재미있는 놀이로
과연 될까?

하기 싫은 것도
해야 한다

"아이가 즐겁고 재미있게 배웠으면 좋겠어요. 지루한 방법은 금세 싫증을 내서 공부 자체를 싫어할까 걱정이에요."

하준 엄마가 상담하러 와서 제일 먼저 한 말이었다. 당시 하준이는 4학년 겨울방학을 보내고 있었다. 아이가 고학년으로 올라가는 시점에 재미있는 놀이로만 공부할 순 없는 노릇이었기에 현재 영어 실력이 어느 정도인지 확인이 먼저였다.

"어머님, 하준이가 학교에서 공부하는 내용은 잘 이해하고 따라가나요?"

"네, 아이가 머리는 좋은데 그에 비해 노력하는 걸 싫어해서 일단 재미가 있어야 계속할 수 있을 것 같아요."

하준 엄마는 공부가 재미있어야 한다는 부분을 굉장히 강조했다. 이런 부분은 예전에도 있어왔지만 근래 들어서 많은 부모들이 원하는 부분이다. 자신들의 세대와는 다르게 아이들이 공부를 즐겁게 하길 바라는 것이다. 예전에 우리가 하던 방식의 공부는 아이들의 창의성을 가로막고 공부에 흥미를 잃게 한다는 것이다.

이것은 비단 영어에만 해당되는 내용은 아니다. 모든 과목에서 즐거움과 재미를 공부와 접목시키고 있다. 어느 정도 효과도 있고 효율도 있다고 생각한다. 그런데 과연 공부를 하면서 우리 아이들이 배우는 것은 지식이 다일까? 나는 엄마들이 이런 부분을 생각해 봤으면 한다.

학교에서 공부를 하는 과정에서 아이들은 잘하든 못하든 열심히 노력해서 이루어내는 성취감을 배워야 한다. 수많은 갈등 상황에도 놓여보고 자기 마음대로 안 돼서 속상한 것도 경험해 봐야 한다. 그래야 다음에는 좀 더 나은 방법을 스스로 생각해 보고 찾아낼 수 있다. 그럼으로써 어려움 앞에 섰을 때 그동안 잘 헤쳐 나온 자신을 믿고 나아갈 수 있지 않을까?

공부가 즐겁고 재미있으면 좋다. 똑같은 경우로 성인이 되고 나서도 내가 좋아하는 일을 즐기면서 재미있게 한다면 정말 좋다. 하지만 과연 그럴 수 있을까? 어떨 때는 하기 싫은 부분도 참고 해야 한다. 무언가를 잘해내기 위해서는 눈에 보이지 않는 기나긴 노력과 인고의 시간들이 필요하다.

어느 날 갑자기 '아, 내가 원하는 길은 이거야. 난 이걸 하고 싶어'라고 찾게 된다면 그 길에 늘 재미와 즐거움만 가득할 수 있을까? 그렇지 않을 것이다. 아마 어려움 앞에서 금세 포기하고 다른 가슴 뛰는 일을 찾으러 갈 수도 있다.

나는 하준 엄마에게 공부를 놀이로만 접근하는 것은 좋은 방향이 아니라고 말했다. 이에 하준 엄마는 왜 그런 방법을 찾게 되었는지 이야기했다.

하준이는 학년이 올라갈수록 감정 기복이 심해졌다고 한다. 공부 스트레스 때문인가 싶어서 학원도 줄이려 했지만 하준이는 학원은 계속 다니겠다고 고집을 부렸다. 그러면서도 숙제나 공부는 하기 싫다는 도돌이표가 계속되고 있는 중이라고 했다. 그러다가 최근 놀이식 수학 학원에 다니면서 조금 나아진 하준이가 영어 학원에 다시 다니고 싶다고 했단다. 이미 그전에 영어 학원을 세 군데나 바꿨다고 했다.

하준 엄마에게 이번에는 하준이가 어떤 점이 힘들어서 그런지 파악해 보고 해결책을 찾아보자 말씀드리며 우리의 수업은 시작되었다.

공부에 대한 부정적 감정부터
줄여나가자

공부 방법에서 놀이가 빠지자 하준이는 엄마 말대로 금세 흥미를 잃고 하기 싫어했다. 집중력도 짧고 "하기 싫다", "재미없다"는 말을 입에 달고 다녔다. 숙제는 말할 것도 없이 늘 하다 만 채로 가지고 왔다. 잘 해오지도 않는 숙제인데도 숙제를 낼 때마다 하준이는 짜증을 냈다. 수업시간에도 하준이는 자꾸만 수업의 흐름을 깨며 장난을 치곤 했다. 당연히 수업의 진도는 따라가지 못하고 다른 친구들과의 차이가 벌어지는 것이 보였다.

중요한 것은 하준이 스스로도 그런 부분을 느끼고 있었다는 점이었다. 가만히 살펴보니 하준이는 불안감을 느끼고 있었다. 그리고 스스로 그런 여러 감정들을 조절하는 것이 어려워 보였다. 몸은 이제 5학년이 되어가는데 행동이나 감정처리 능력은 1~2학년 아이 같았다.

아이들은 자신의 감정을 쉽게 컨트롤하지 못한다. 그래서 있는 그대로 감정을 표출하곤 한다. 이럴 때마다 부모님이나 선생님 혹은 주변 어른들이 아이들의 기분을 달래 주거나 좀 더 쉬운 방법으로 문제를 해결해 주는 것에 익숙해지면 스스로 기분을 조절하는 방법을 배우지 못한다.

하준이의 상태가 그랬다. 여기에 공부 문제까지 얹어진 것이다. 아이는 기초가 많이 부족하다 보니 영어뿐만 아니라 다른 과목에서도 어려움을 겪었다. 그래서 자신도 모르게 불안함과 초조함을 느끼게 된 것이다. 그렇게 하준이 안에서 해소되지 못한 감정들이 자꾸만 안좋은 방향으로 터져 나온 것이었다.

일단 하준이가 공부에 갖는 부정적인 감정부터 줄여나가기로 했다. 하준이 스스로 실천할 수 있는 부분을 아주 작게 나누어 1~2학년이 할 법한 양부터 시작했다. 초등학생의 경우 스스로 영어 실력이 많이 늘었다고 느낄 수 있는 부분이 바로 어휘다. 하준이는 다른 부분보다도 더 자신에 대한 믿음이 필요했다. 눈에 보이는 시각화 방법이 필요했다.

하준이와 나는 포스트잇에 단어를 적고 외운 후 그것들을 강의실 한쪽 벽면에 붙이기 시작했다. 이내 한쪽 벽면이 다 찼다. 하준이는 강의실 문을 열고 들어올 때마다 자신이 얼마나 열심히 단어를 외웠는지를 눈으로 확인하게 되었다.

하준이만 시작했던 단어 포스트잇 붙이기는 금세 다른 아이들에게도 번졌다. 자기들도 하겠다고 나선 것이다. 아이들은 포스트잇 색깔을 바꿔가며 그림을 그리기도 했다. 자신의 영역을 따로 정해서 붙이고 다 차면 인증사진을 찍기도 했다. 늘 친구들과의 수준 차이를 느끼며 불안감에 시달리던 하준이가 동질감을 느끼며 수업에 참여하게 되었다. 이내 누구보다 많은 포스트잇을 붙이면서 매달 단어왕에 등극했다. 하준이는 자신감을 가지기 시작했다.

앞으로 아이들이 맞이할 세상은 디지털 세상이다. 공부 역시 온라인 강의와 에듀테크처럼 방법이 다양해지고 있다. 또한 게이미피케이션(gamification; 게임화. 게임이 아닌 것에 게임적 사고와 기법을 활용하는 것) 콘텐츠도 많아지고 있다. 나는 가능한 한 다양한 방법으로 영어를 접하는 것이 좋다고 생각해 이런저런 방법들을 시도해 보고 있다. 나의 휴대전화 010.2436.1179로 조언을 요청하는 문자 메시지를 보내 보자. 배움이라는 큰 틀은 지키면서 아이에게 공부의 즐거움과 재미를 느끼게 해 줌으로써 영어 실력뿐만 아니라 자존감까지 키워 줄 수 있다. 아이들이 공부를 통해서 배우는 것은 단순히 지식뿐만이 아니라는 것을 명심하자.

· 07 ·

영어 공부법이 바뀌면
세상이 바뀐다

아이들이 먼저 원하는
더빙 수업

예전에는 아이들에게 듣기 평가 공부를 시키면서 늘 회의감이 들었다. 이런 방법으로는 듣기 능력이 키워지지 않을 텐데, 이 방법을 써야 아이들의 듣기 점수가 좋아졌기 때문이다. 이 방법이라 함은 듣기 문제 유형의 예문을 암기하는 것이다. 듣기 시험에 나오는 유형은 예전에 비해 어휘가 조금 더 어려워졌다거나 발음이 다양해지긴 했지만 여전히 비슷한 것을 출제한다. 그러다 보니 듣기가 잘 안 되는 아이들도 기출 문제를 풀고 스크립트를 외우면 좋은 점수를 받을 수 있다. 하지만 정작 아이들의 듣기 실력이 크게 늘어난다는 생각이 들진 않았다. 길을 물어보고 시간을 물어보고 뭘 샀는지 물어보는 스크립트가 귀를 쫑긋 세우고 들을 만큼 재미있을 리가 없기 때문이다.

지금은 아이들이 늘 나에게 듣기 공부를 하자고 조른다.

"선생님! 우리 오늘 숙제 다 잘해 왔으니까 더빙해요!"

아이들이 가장 많이 기다리고 하고 싶어 하는 수업이 바로 리스닝과 스피킹이 합쳐진 애니메이션 더빙 수업이다. 레벨별로 쉬운 애니메이션 영상을 자막 없이 보고 따라 하는 것이다. 가장 잘 따라 하는 친구가 가장 긴 대사를 할 수 있다. 아이들은 조금이라도 더 잘 듣기 위해서 앞으로 바짝 다가온다. 전에는 딴짓하지 말고 집중해서 들으란 말을 했었는데 이제는 아이들에게 뒤로 가라고 한다.

비단 듣기 수업에서만 일어난 변화는 아니다. 이제는 리딩 교재에서 나온 토픽을 직접 검색해서 동영상으로 보기도 한다. 영상을 통해 먼저 어떤 내용인지 확인한 후 독해를 하니 이해도도 더 좋아지고 집중력도 더 좋아진다. 영어 공부 방법이 이렇게 많이 바뀌었다. 물론 학교 시험이나 수업 방식은 고학년일 경우 많이 달라지진 않았지만 사교육 방법은 너무나도 다양해지고 많아졌다. 아이들은 자신이 좋아하는 연예인의 연설문으로 공부하자고 하기도 하고, 최근 본 영화의 주제곡으로 공부하자고 하기도 한다. 엄마들은 어떻게 생각할지 모르겠지만 선생님 입장에서는 눈물이 날 만큼 극적인 변화다.

도전을 좋아하는
아이들

중학생 친구들의 방학기간에 독해 수업을 인터넷 영자신문으로 해보기로 했다. 시사용어가 조금 어렵기는 하겠지만 아이들에게 새로운 도전이 될 것 같았기 때문이다. 그런데 생각했던 것보다 아이들이 하기엔 어려운 부분이 많았다. 내용이야 흥미로웠지만 공부할 양이 너무 많았던 것이다. 그 전에는 독해 지문 몇 개에 모르는 단어는 다 정리되어 나와 있고 문제만 풀면 끝인 수업이었다.

그런데 이렇게 영자신문으로 하다 보니 일일이 단어를 정리해야 하고 지문의 길이도 길어서 꽤 버거웠다. 심지어 해석을 다 하고 나서도 아이들이 이해하기 어려운 부분들이 생겨서 인터넷을 찾아 다시 부연 설명을 하고 보충자료를 나누어 주곤 했다. 당연히 계획했던 양을 다 소화하진 못했고 숙제 양도 그만큼 늘어났다. 아이들은 볼멘소리를 하며 투덜거렸다. 너무 내 욕심으로 아이들을 몰아 붙였나 싶어 조금 후회가 되었다.

그다음 방학에는 그냥 수준에 맞는 리딩 교재로 진행하려 했는데 아이들이 또 영자신문 수업을 하자는 것이었다.

"와, 너희들 그때 숙제 많다고 나한테 얼마나 투덜거렸는지 기억이 안 나?"

"안 나는데요?"

아이들은 낄낄거리면서 장난스레 대답했지만 그래도 계속 영자 신문 수업을 고집했다. 순간 아이들이 그사이 정말 많이 컸구나 싶은 생각에 가슴이 뜨거워졌다. 아이들은 스스로 그 수업이 자신들에게는 큰 도전이었다는 것을 자랑스럽게 여기고 있었다. 힘들었지만 다시 도전해 보고 싶은 것이다. 사실 나는 저번에 영자신문 수업을 진행하면서 너무 이른 선택이었나 싶어 후회했었는데 아이들에겐 그렇지 않았나 보다. 아이들은 다양하고 살아있는 토픽을 원했다. 그것이 더 어려웠음에도 아이들은 선택했다. 놀랍지 않은가?

아이들과의 수업시간에서 가장 실천하기 어려운 부분이 있었다. 그것은 바로 말하기이다. 우리 아이들은 말하는 것을 제일 싫어한다. 애니메이션 수업을 통해서 듣기와 말하기를 하고는 있지만 그 시간이 턱없이 부족한 것이 사실이다. 듣기와 말하기는 시간이 많이 걸리기 때문이다. 이런 부분은 숙제로 내준다고 해도 확인할 방법이 없다. 그저 저번 시간보다 조금 더 유창하게 읽었는지 아닌지 정도로밖에 확인이 안 되고 그마저도 기억력에 의존하기 때문에 확실치 않다.

그런데 우리에게 스마트폰이라는 신문물이 생겼다. 나는 아이들에게 읽어서 녹음해 오라는 숙제를 내줄 수도 있고 심지어 녹화를 해오라고 하기도 한다. 다른 친구들 앞에서 수업시간에 하면 아이들마다 돌아가면서 해야 하니 시간적인 제약이 많았지만 이것은 아이들이 각자 집에서 하는 부분이니 수업시간에 영향을 받지 않는 것이다.

도구의 승리다. 만세!

고백하건데 나는 사실 변화에 빠르게 적응하는 스타일은 아니다. 그러다 보니 정말 요즘의 교육 방식은 내가 따라가기 버거울 지경이다. 수업에 적용해 보고 싶은 IT기술은 정말 다양하고 많다. 이제는 어떻게 어떤 방법으로 가르쳐야 할지를 배우고, 배우는 방법에 대해서도 배워야 하는 시대이다. 그런데 아이들은 이런 부분들을 정말 자연스럽게 부담 없이 받아들인다.

교육방식의 변화에 거부감을 느끼는 쪽은 오히려 부모님이다. 아마도 우리가 해왔던 방식이 아니다 보니 효과를 확인할 방법이 없어서 그럴 것이다. 공부에 스마트 기기를 사용하는 것에 대한 걱정도 한몫한다. 아이가 지금 무슨 화면을 보고 어떤 공부를 했는지 확인할 수 없는 불안함도 있기 때문이다.

영어를 통해
보는 눈이 바뀐다

"아이가 연필 잡고 책상머리에 앉아서 몇 시간이고 쓰면서 공부했으면 좋겠어요."

시우 엄마는 시우의 공부 방식이 마음에 들지 않았다. 공부하려고 인터넷을 찾아보는 것도 싫고 숙제를 카톡으로 보내는 것도 싫었다. 하지만 나는 아이들이 이런 방식으로 숙제를 하고 공부한 것을 확인하는 방법을 점점 더 수업에 적용할 생각이다. 물론 내가 해야 할 공부가 새롭게 생긴 것은 사실이다. 그 전에는 새로운 교재나 시험과 입시정책의 변화에 대한 공부만 하면 되었다. 하지만 이제는 여기에 더불어 가르치는 방법에 대한 공부가 더해지게 된 것이다. 이제 부모님들도 이런 변화를 직시하고 변화해야 된다고 생각한다. 내가 해온 방식이 아니라 낯설고 잘 모르니 안 된다고만 할 일이 아니다. 우리보다 아이들이 먼저 변화를 받아들이고 있다

아이들은 새로운 영어 공부 방법을 통해서 얼마든지 세상을 바라보는 관점을 바꿀 수 있다. 책속의 이야기가 아닌, 언제든지 지금 관심 있는 부분을 통해 영어를 배울 수 있다. 늘 해오던 문제 풀이가 아니라 정말 관심 있는 분야로 생동감 있는 영어를 공부할 수 있는 것이다. 이런 방식의 수업이 정착되기까지는 많은 시행착오도 있을 것이다. 그리고 아직 접해 보지 못한 새로운 문제들도 맞닥뜨리게 될 것이다. 우리 아이들의 미래는 우리가 상상하지 못할 변화의 세계가 될 것이다. 이런 변화를 당연하고 유연하게 받아들이고 그 안에서 배움을 익힌다면 우리 아이들의 경쟁력은 더 높아질 것이다.

단순함이
복잡함을 이긴다

문제 중심 학습의
장단점

나는 지금도 시간이 나면 서점에 가서 아이들의 영어 교재나 공부법에 대한 책들을 살펴본다. 그리고 다른 지역에서 학원이나 공부방을 운영하고 계시는 원장님들과 정기적으로 만나 스터디도 하고 세미나도 듣는다. 책을 봐도 그렇고 다른 분들의 말씀도 그렇고 요즘처럼 공부법이 많았던 적이 있었을까 싶다. 새로운 바람이 불면 그쪽으로 우르르 몰려갔다가 또 시간이 지나면 다른 쪽으로 우르르 가는 것을 보면 어떤 선택 기준이 있는 것인지 궁금하기도 하다. 뭐라도 하는 것이 안 하는 것보다는 낫다고 생각하지만 가끔은 아이들에게 이렇게 공부하라고 해도 되나 싶은 경우도 간혹 보게 된다.

2015교육과정으로 중1 학생들부터 적용되는 학습법이 여러 가지
가 있는데 그중 한 가지가 바로 문제 중심 학습인 PBL(Problem Based
Learning)이다. 간단히 설명하자면 아이들에게 문제를 주고 그에 따른
해결법은 가르치지 않은 상태에서 아이들이 다양한 의견을 모아 그
안에서 배움이 이루어지게 하는 것이다. 즉 스스로 학습하게 하는 방
법이다.

문제 중심 학습법은 문제를 기반으로 서로 답을 찾아가는 과정에
서 배움이 있다 보니 문제 푸는 능력 자체가 향상된다. 그리고 아이
들이 스스로 문제 해결 방식에 개입해야 하니 참여도 자체가 좋아진
다. 이런 방법은 어떨까, 저런 방식은 될까 계속 의문을 가지고 해결
에 다가가기에 학생의 입장에서는 더 유연하고 창의적인 학습이 될 것
이라 생각한다. 엄마들의 반응은 말 그대로 '핫'했다. 이렇게 학습을 진
행하지 않는 다른 타 교육업체들에 대한 맹비난 또한 빠지지 않았다.

그런데 말처럼 좋기만 한 교육 방법일까? 아이들이 어떤 문제를
풀어야 할 때 가장 먼저 보이는 모습은 어떤 모습이라 생각하는가?
적극적으로 의견을 나누며 해결점을 찾아갈 것이라 생각하는가? 물
론 그런 아이들도 있다. 그리고 이런 식의 교육방식에 훈련이 되었다
면 그럴 수도 있다.

그런데 대부분의 아이들은 일단 뭘 해야 할지 모른다. 어떤 부분

에 집중해서 문제를 풀어나가야 할지를 모르는 것이다. 아이는 문제 해결 방식과 학습 방식을 스스로 선택해서 나가야 하는 부담감까지 가지게 된다. 그 학습의 결과 또한 확인하기 어렵다. 아이들이 무엇을 얼마만큼 배웠는지를 측정할 지표가 없다.

나는 이런 식의 학습법은 기초 지식도 충분하고 학습 의욕과 동기도 강한 성인에게 더 적합하다고 생각한다. 아이들은 일단 문제를 풀어낼 기초 지식이 없는 경우가 많다. 그리고 아이들의 수준은 현저하게 차이가 난다. 아이들은 배우는 중이고 학습 능력도 다 다르기 때문에 문제의 평균을 맞추기가 쉽지 않다. 어떤 아이에게는 쉬운 문제가 다른 아이에게는 너무 어렵기도 한 것이다.

아이들이 학습 과정에서 무엇에 집중해야 하는지 명확하지 않다는 것은 생각보다 좋지 않은 결과를 초래한다. 아이들은 집중해서 공부하는 것이 아니라 다른 곳으로 그 관심을 돌린다. 문제 해결 과정에 참여하지 못하는 아이들은 학습에서 철저하게 소외당할 수 있는 것이다.

경쟁과 실패도
겪어봐야 한다

문제 중심 학습법이 각광받는 이유 중 또 다른 하나는 아이들 사이의 관계를 경쟁에서 협력으로 전환한다는 데 있다. 어느 누구에게도 성공과 실패가 존재하지 않는 것이다. 그런데 학교에서 아이들이 겪게 되는 경쟁구도가 나쁘기만 한 것일까? 아이들이 자라서 사회에 나가면 수많은 경쟁 상황에 놓일 텐데 학교에서 미리 경쟁과 실패를 경험해 보지 못한다면 어디서 피드백을 받을 수 있단 말인가? 건강한 경쟁과 실패와 성공이 있어야 아이들이 사회에 나와서도 잘 적응하고 스스로 발전해 나갈 수 있지 않을까?

지안 엄마는 지금 아이에게 있어 중요하게 생각하는 부분에 대해서 이야기했다.

"지안이가 아직 어리다 보니 너무 공부만 시키고 싶진 않아요. 다양한 경험도 하게 해 주고 싶어요. 지금 하고 있는 수업도 그룹수업인데 일반적인 수업은 아니에요."

지안이는 그룹으로 문제 중심 학습법 수업을 진행하고 있었다. 나는 다소 의아해졌다. 지안이는 2학년이었기에 기초 지식이 없는 상태에서 어떻게 수업을 따라가고 있는지 감이 잡히지 않았다. 나도 이런 방식의 수업이 우리 아이들에게 도움이 될까 싶어 알아보았지만 적당한 해법을 찾지 못했었다.

일단 목적과 취지는 좋지만 실천 방법이 명확하지가 않았다. 이런 수업 방식이 영어라는 과목에 적합하지 않은 것인지, 내가 방법을 못 찾아내는지도 알 수가 없었다. 고학년의 경우에는 가능할 수도 있을 것 같은데 저학년은 어느 수준에서 조절해야 할지 몰랐다. 수업의 질을 높이려면 선생님이 수업을 아주 잘 이끌어 가고 아이들도 잘 참여하게 해야 하는 능력자여야 한다. 그리고 아이들 또한 지적인 수준이 비슷해야 하며 그룹 인원이 소수여야 한다. 그 조건을 충족시킨다 해도 겨우 초등학교 2학년이다. 어떻게 관심을 집중시키고 효율적인 수업을 해나갈 수 있을까?

"어머님, 지안이는 이 수업을 어떻게 따라가고 있나요? 같은 반 친구들과 수준이 비슷한가요? 혹시 아이가 수업에 따라가지 못하거나 참여하지 못할 때는 어떤 차선책이 있나요? 숙제는 어떤 식으로 이루어지나요? 그다음 수업에 대한 사전 공부로 이루어지나요? 아니면 저번 시간에 공부한 것에 대한 복습의 과정으로 이루어지나요?"

갑자기 주객이 전도된 상황에 지안 엄마도 나도 당황했다.

"지안이가 초2라서 그 수업을 소화할 수 있을지가 궁금해서 드린 질문이에요."

"아, 네. 그럼 여기서는 영어 수업이 어떻게 이루어지나요?"

지안 엄마의 질문에 나는 갑자기 웃음이 나올 것 같았다. 지안이가 배운다는 그 수업에 비해서 내가 하는 수업은 너무 단순해 보였기 때문이다. 우리는 초등학교 저학년 아이들에겐 가장 간단한 방식으로 하나씩 명확하게 차례대로 수업해 나가는 것이 전부였다. 외우고, 확인하고, 아이의 성향을 파악해서 다른 방법으로 다시 한번 확인하고 반복하는 것. 이게 다였다.

군더더기를 빼라

얼마 후 지안 엄마는 아이와 함께 다시 학원에 찾아왔다.

"어머님, 지안이는 지금 영어의 기초 체력을 키우는 단계예요. 나중에 더 화려한 기술도 습득하고 더 멋진 공연을 하기 위해 무대에 서겠지만 지금은 단순하게 줄넘기 하고 윗몸일으키기 해야 할 때라고 생각해 주세요."

지안이는 알파벳과 파닉스부터 하기 시작했다. 외우고 줄 맞추어서 쓰고 소리 내서 읽어보는 날들이 계속되었다. 아이는 수업에 잘 따라오고 숙제도 잘 해왔다. 그만큼 아이의 기초 체력은 소리 없이 단단하게 쌓이고 있었다. 아이의 수업 진행 상황에 대해 상담전화를 하자 지안 엄마는 이런 말을 했다.

"지안이가 수업이 재미있대요. 사실 저는 첫날 상담 갔을 때 선생님이 지안이 수업에 대해 질문하시는 걸 듣고 많이 당황했어요."

"네. 제가 그때 너무 질문이 많았지요?"

"그게 아니라 선생님 질문에 답이 하나도 떠오르지가 않았어요. 전 잘 모르고 있었더라고요."

잘 모르고 있는 것은 나도 그렇다. 예상되는 문제 상황에 대한 부분도 어떻게 풀어갈지 아직 모르겠는데 예상외의 문제는 가늠도 되지 않는다. 하지만 욕심을 내보자면 언젠가는 나도 모든 학생이 자발적·지속적으로 학습과정에 참여하는 수업을 진행해 보고 싶다. 내가 훌륭한 학습 안내자가 되어서 아이들 각자 문제를 해결하는 방법을 가지고 수업에 참여하게 하는 것이다. 물론 내가 각자 주어진 문제 상황에 독립적으로 집중하는 다양한 방식에 대해 터득하게 된다면 말이다.

어떨 때는 가장 단순한 것이 복잡함을 이긴다. 아이의 영어 학습 방법이나 방향에 대해 너무 많은 생각이나 계획이 있으시다면 군더더기 없이 빼 보길 바란다. 물론 우리 아이가 이것도 잘하고 저런 부분도 필요하고 수업 중에 이런 부분도 해 나갔으면 좋겠다는 기대는 있을 것이다. 그런데 반대로 가장 본질적인 단순한 하나, 더 이상 뺄 것 없는 하나만 제대로 되었으면 좋겠다 싶은 부분이 무엇인지 한번 생각해 보는 것도 좋다.

PART 3

언제 어디서나
부담 없이 익히는 영어

자연스러운
생활의 힘

    나에겐 수학 트라우마가 있다. 학창시절 너무나도 어려웠던 과목이기도 하고 그 당시 느꼈던 막막함이 생생하게 기억나기 때문이다. 하지만 아직도 언젠가는 수학을 잘해 보고 싶다는 막연한 꿈을 가지고 있다. 왠지 모르게 수학을 잘하는 사람들이 바라보는 세상은 뭔가 다를 것 같다는 생각이 들기 때문이다.

    첫아이가 태어나고 자라면서 나는 엄마표 수학을 해보고 싶은 마음이 생겼다. 그래서 유아 수학에 대해 이것저것 알아보기 시작했다. 그때까지는 수학을 배우는 방법이 이렇게도 많고 다양한지 처음 알았다. 하지만 설명을 아무리 봐도 방법을 비교할 수 있는 눈이 내게는 없었다. 나는 아이 친구의 엄마에게 도움을 청했다. 그녀는 나보다 한 살 많은 유능한 수학 선생님이었다.

"은미야, 나랑 창의 수학 멘사 수업을 듣자."

나의 고민을 듣자 언니가 한 말이었다.

"나는 들어야 하는 게 맞지만 언니는 그 수업을 왜 들어? 언니는 수학 도사잖아?"

"유아 창의 수업은 또 달라. 아이들에겐 아이들이 이해할 수 있는 눈높이로 수학의 원리를 깨닫게 해주어야 하거든."

말만 들어도 어렵다. 아이들이 이해할 수 있는 수학의 원리란 도대체 무엇일까?

"'1+1=2'가 된다는 걸 아이들에게 말로 설명하지 않고 개념을 받아들이게 해야 해."

나는 이 말을 듣자마자 바로 멘사 수업에 등록했다. 그리고 수업 과정을 성실하게 수료하고 수료증도 받았다. 아이를 직접 가르쳐 보고자 배운 수학이었지만 '역시 수학은 내가 가르칠 수 없구나' 하는 큰 깨달음을 얻을 수 있는 시간이었다. 이렇게 엄마표 수학의 꿈은 빠르게 사라졌다. 반대로 언니는 엄마표 영어를 꿈꾸며 영어 수업을 등록했다.

"잘했어, 언니! 사람은 뭐든지 호기롭게 시작해 봐야 해."

내가 수학을 잘하고 싶은 것처럼 언니는 엄마표 영어보다도 자신이 영어를 잘하고 싶다고 했다. 그런데 영어는 너무 어렵고 해야 할 것이 많다며 푸념을 늘어놓았다. 말도 안 돼! 수학만 하겠는가. 우리는 늘 팽팽하게 서로 영어가 더 어렵다, 수학이 더 어렵다 하며 답도 없고 끝도 없는 이야기를 하곤 했다. 그리고 언제나 결론은 '유전자가 결정한다'로 나곤 했다. 왜냐하면 신기하게 언니의 아이는 수학적인 개념이 빨랐고 반대로 내 아이는 언어적인 부분이 빨랐기 때문이다.

어느 날 방문하게 된 언니의 집에서 나는 새로운 사실을 깨달았다. 언니의 아이가 수학을 잘할 수밖에 없다는 것을 말이다. 생활의 모든 순간에 너무나 자연스럽게 수학적 개념이 녹아들어 있었다.

"블루베리 아까 몇 알 먹었어? 그럼 지금 이것까지 먹으면 몇 알 먹은 거야? 오늘 정말 많이 먹었네!"

"이 빵은 그럼 1/2만 먹고 1/2은 형 줄까? 아니면 1/3만 먹고 2/3를 형 줄까?"

"지금 큰 바늘이 숫자 4에 있는데 숫자 6에 가면 나가야 해. 10분 남은 거야."

모든 언어 속에 수학이 있었다. 아이는 아무런 부담 없이 생활 속에서 수학을 배우고 있었던 것이었다. 신기하게도 언니 자신은 이런 사실을 인식하지 못하고 있었다. 너무나 자연스러운 생활의 일부라 본인은 느끼지 못하는 것 같았다. 아이가 수학을 잘하는 것은 유전자의 힘이 아니라 생활의 힘이었다.

부담 없이
매일 써 보자

그렇다면 생활 속에서 아이가 자연스럽게 영어를 익히려면 어떻게 하면 좋을까? 영어는 언어이다 보니 엄마가 생활영어를 자연스럽게 쓰면 좋겠지만 쉽지는 않다. 상황별로 쓸 수 있는 영어를 생활 곳곳에 붙여 놓고 시도해 보는 것은 좋은 방법이다. 그런데 이렇게 실천하다 보면 생기는 어려운 점도 있다.

그중 하나가 엄마는 계속 영어로 질문하는데 아이는 'yes'나 'no'로 대답만 하게 된다는 것이다. 혹은 아이가 갑자기 "엄마, 이 말은 어떻게 해요?" 하고 물어보는데 너무 당황해서 엄마가 답을 못해 줄 때다. 이럴 땐 아이와 함께 영어로는 어떻게 표현하는지 그 자리에서 바로 찾아서 확인해 주는 것이 좋다. 아이는 그날의 상황과 엄마와 같이 배운 표현에 대해서 기억할 수 있을 것이다. 엄마도 같이 영어를 배워간다는 사실을 아이에게 알려 주고 함께 해나가면 오히려 더 효과가 좋다.

하지만 모든 아이들이 이렇게 협조적으로 나오는 것은 아니다. 아이가 어릴 경우에는 이런 방법이 효과적이지만 학년이 올라갈수록 성공률이 낮아진다.

"영어는 고사하고 우리말로도 말을 안 하려고 해요."

사춘기가 온 경우라면 아이의 협조 없이는 이 방법은 소용이 없다. 그리고 아이가 고학년이라면 이런 식의 엄마표 생활영어에 비협조적인 경우가 더 많다. 일단 생활영어 수준 자체가 너무 쉽기 때문이다. 반대로 아이가 저학년이라면 생활영어를 하기에 기초가 너무 없는 경우도 있다. 그럴 땐 어떤 방법으로 아이에게 영어를 자연스럽게 생활 속에서 익히게 할 수 있을까?

이번에 새로 대기하고 있던 엄마표 그룹 수업을 시작하게 되면서 설문 조사를 하게 되었다. 아이와 영어로 공부해 보고 싶은 것이 무엇인지 묻는 것이었는데, 가장 많은 답이 그림책 읽어 주는 수업과 생활영어 수업이었다. 그림책 읽어 주는 수업은 엄마가 해 주는 것이니 크게 어려울 것이 없다. 그렇지만 생활영어 수업은 아이와 함께 해야 하다 보니 아이 수준별로 적용법이 달라야 한다.

이번에 모인 그룹의 아이들은 초등 2~3학년 엄마들이었다. 아이들은 아주 기초적인 단어를 아는 수준이라고 했다. 이럴 때는 부엌에서 시작하는 것이 좋다. 먼저 간식의 이름을 영어로 알려 주는 것이다. 다음에는 아이가 간식의 이름을 영어 단어로 이야기하면 준다. 다음에는 단어를 쓰는 법을 가르쳐 준 후 단어를 써 오면 준다. 그다음에는 짧은 문장을 가르쳐 주고 그 문장을 말하면 준다. 그다음에는 문장을 쓰는 법을 가르쳐 주고 그 문장을 써 오면 준다. 다음에는 문장을 조금 더 길게 말하면 준다. 그다음에는 그 긴 문장을 써 오면 준다. 이런 식으로 조금씩 늘려나가면 아이들이 부담 없이 따라할 수 있다.

주의해야 할 점은 엄마가 이 단계를 너무 빠르게 끌고 가지 않아야 한다는 것이다. 문장으로 넘어간 후에는 충분히 말해서 생활처럼 익숙해진 다음에 다음 단계로 가는 것이 좋다. 그래야 아이도 천천히 즐겁게 익혀나갈 수 있다.

사실 이런 방식으로 효과가 좋았던 그룹은 극소수였다. 아이가 잘 따라 하지 않아서가 아니라 엄마가 꾸준히 하지 못했기 때문이다. 여기에 대해선 나도 할 말이 없다. 왜냐면 나도 엄마표 수학을 꾸준하게 못했기 때문이다. 매번 계획한 대로 아이가 예쁘게 이야기하지도 않고, 그날따라 떼를 부리거나 동생이 울거나 집안일 때문에 바쁘거나 일이 너무 늦게 끝났다. 하지만 엄마가 이런 상황들을 잘 컨트롤해서 꾸준하게 생활영어를 집에서 사용한다면 학습 효과는 정말 좋다.

이렇게 생활 속에서 영어를 익히면 아이도 부담 없이 매일 쓰게 되면서 점차 영어에 친숙해진다. 생활에서 자주 쓰는 말들을 영어로 조금씩 바꿔나가다 보면 해를 거듭할수록 아이의 영어 실력은 확 늘 것이다. 무엇보다 이런 방식의 영어 공부는 아이뿐만 아니라 온 가족의 영어 실력이 늘어난다는 장점이 있다. 긴 시간의 노력을 이길 수는 없다. 이런 시간이 쌓여서 아이가 영어를 공부하는 것보다 사용하는 것에 더 익숙해지면 그만큼 영어 공부가 더 쉽고 재미있게 느껴지게 될 것이다.

책 밖에서
만나는 영어

영어를
책 밖으로 꺼내라

아이들이 영어에 익숙해지게끔 해 주고 싶을 때면 보통 영어 만화를 보여 주거나 영어 동요를 틀어 주거나 한다. 그때 내가 엄마들에게 주는 팁이 있는데 바로 아이가 좋아하는 만화 속 캐릭터 인형을 사 주라는 것이다. 그 인형을 가지고 아이가 따라 할 만한 문장의 영어로 역할놀이를 하면 좋다. 그러면 나중에 아이가 혼자 역할놀이를 할 때도 완벽하진 않지만 영어로 한다. 엄마가 지켜보다가 또 한마디 더 늘어나게 해 주고 다음에 또 한마디 해 주는 식으로 조금씩 같이 역할놀이를 해 주면 아이가 놀이처럼 영어를 익힐 수 있다. 물론 난이도는 무척 쉬워야 하지만 아이가 영어로 노는 기회를 만들어 주는 것이 중요하다.

영어를 좀 더 친숙하고 편안하게 받아들이게 하려면 영어를 쉽게 접할 수 있는 환경을 만들어 주는 것이 좋다. 영어 그림책도 쉽게 손에 닿게 두고 아이랑 영어로 놀이를 해도 좋다. 쉬운 영어 놀이는 인터넷에 검색만 해 봐도 많다. 보드게임도 많고 놀이 종류나 방법 등 하고자 맘만 먹는다면 쉽게 찾을 수 있다. 이렇게 아주 잔잔하지만 영어가 친숙한 환경을 만들어 주면 아이가 자연스럽게 영어를 받아들인다. 이는 영어 실력과는 아무런 상관이 없다. 그만큼 친숙하게 느낀다는 것이다. 다만 아이가 어릴수록 영어를 책 밖으로 꺼내놓는 것이 좋다는 말이다.

학년이 올라갈수록 영어는 학습과 공부가 될 수밖에 없다. 아직 우리 아이들은 학교에서 영어 시험을 보고 그 시험은 문법 중심이기 때문에 그에 맞추어서 공부를 해야 한다. 시간이 지나면 아이들의 영어는 다 책 속으로 들어갈 수밖에 없다. 아이가 책 속이 아닌 책 밖의 생활 속에서 영어를 만나고 함께할 수 있는 시간은 그리 많지 않다. 초등 고학년부터는 문법 공부를 하기 때문이다. 학원이나 학교에서 영어를 공부하게 되면 그것은 책 속의 영어일 수밖에 없다. 아무리 학교에서 생활영어 스피킹을 한다고 해도 결국 정해진 스크립트를 외워서 서로 대화를 주고받는 수준 이상일 수는 없기 때문이다.

그래서 아이가 저학년일 때 엄마표 영어를 하는 것이 좋다. 그런데 가능하면 엄마표 영어 수업은 그룹을 이루어서 하는 것이 좋다. 왜냐하면 생각보다 준비해야 할 것이 많기 때문이다. 또한 혼자 하는 것보다는 엄마도 아이도 더 즐겁게 오래 할 수 있다. 만약 엄마표 수업을 이끌어 줄 수 있는 선생님이 있다면 더 좋다. 그리고 아이들이 고학년이 되면서 자연스럽게 학습으로 연계할 수 있다면 더욱 효과가 좋다. 그동안 아이들의 성향도 선생님이 파악했을 테고, 실력 또한 비슷하기 때문에 더 효율적일 수 있다. 그리고 엄마들도 함께 엄마표 수업을 들으며 선생님과 의사소통을 해왔기 때문이 더 좋은 시너지 효과를 얻을 수 있다.

아이가 좋아하는 것으로 해 보자

지유는 방학 때 애니메이션 더빙 특강 수업으로 만났다. 첫 시간 영상 클립을 보고 따라 하는데 너무 잘해서 깜짝 놀랐다. 분명히 전에 영어 학원을 다니거나 학습지를 한 적이 없다고 했는데 지유는 듣기도 잘 들었고 곧잘 따라 했다. 아이와 수업을 한 후 엄마와 상담을 하며 다시 한번 전에는 영어 공부를 어떻게 했는지 물었다.

"따로 영어 학원을 다니거나 학습지를 하진 않았고요. 그렇다고 집에서 막 영어 공부를 시키진 않았어요. 저도 직장을 다녀서 그럴 시간도 없고요. 그런데 저도 아이도 극장에서 만화영화 보는 걸 좋아해서 보고 싶은 영화가 개봉하면 몇 번이고 가고 DVD도 사고 책도 사보고 그랬어요."

지유는 영어를 극장에서 만나왔던 것이다. 엄마 말에 의하면 처음에는 한국말 더빙으로 보고 그다음에는 영어로 몇 번이나 보았다고 했다. 특히 좋아하는 영화는 꼭 DVD도 구입했단다. 서점에 가도 늘 애니메이션 책이나 DVD 코너에서 맘에 드는 것을 골라 보는 것이 일상이었다고 했다.

그러고 보면 많은 엄마들이 엄마표 영어가 힘들다고 하는 이유 중 하나가 바로 아이가 책 읽는 것을 좋아하지 않는다는 것이었다. 엄마표 영어는 대부분 엄마가 아이에게 책을 읽어 주고 아이가 책을 읽는 것이 중심으로 된 케이스가 많다. 그런데 이런 경우 아이가 책을 좋아하지 않고 읽지 않겠다고 하면 방법이 없다.

아이가 책 읽기를 좋아하지 않는데 억지로 권수를 채워서 양으로 승부를 보려는 엄마들도 있는데 이는 좋지 않은 방법이다. 오히려 아이가 책 읽는 것을 더 싫어하게 되고 잘못된 독서 습관을 가질 수 있으니 다른 방법을 찾는 것이 좋다.

지유처럼 영상으로 진행하는 것도 좋은 방법이다. 듣기도 연습이 되고 아이가 만화를 보면서 내용도 파악하게 되기 때문이다. 만화영화는 나중에 책으로 구성되어 나오는 경우가 많다. 엄마가 그것을 읽어 주면 아이가 좋아했던 만화이기에 더 쉽게 받아들일 수 있다.

웃고 즐기다 보면
어느새 영어가 된다

아는 영어 선생님 중에 육아로 인해 일을 그만둔 분이 있다. 오랜만에 연락이 되어 집으로 방문하게 되었다. 현관에서 거실로 향하는 복도에는 아이가 그린 색칠공부 그림들이 아이 키에 맞추어 빼곡하게 붙어 있었다.

"그림 그리고 색칠하는 걸 너무 좋아하거든요. 얼마나 다행인지 몰라요."

나는 순간 웃음이 터져 나왔다. 나 역시 아이가 크레파스와 스케치북을 가지고 그림을 그리는 것이 제일 좋았기 때문이다. 아이가 혼자 재미있게 놀면 그것만큼 좋은 것이 없다. 그림은 대부분 여자아이가 그렇듯이 공주 그림이었다. 그리고 그림마다 영어 단어가 쓰여 있었다. HAPPY, RAIN, SUNNY, FLOWER, BANANA….

"와, 여기에 하나도 매칭이 되지 않는 이 영어 단어들은 다 뭐예요?"

"시작은 개구리 왕자였어요. 개구리 왕자에 나오는 공주 이름을 물어보는데 전 공주 이름 같은 거 모르거든요. 그래서 아무 이름이나 지어 준 게 시작이 되었어요."

"아무리 그래도 그렇지, 공주 이름이 바나나라니…."

"바나나는 그나마 양호한 거예요. 버섯 공주도 있고 달걀 공주도 있어요."

아이는 공주 그림을 그리고 엄마는 이름을 지어 주는 놀이를 지금 몇 달째 하고 있다고 했다. 달걀 공주는 얼굴이 달걀 같아서, 버섯 공주는 피부가 버섯 색깔이어서 그렇게 이름을 지었다고 한다. 아이는 엄마가 마구잡이로 지어 주는 이름이 재미있어 깔깔대고 웃으면서 좋아했단다. 그렇게 시간이 지나자 이젠 아이도 이름을 지어낸다고 했다. 아이는 그림을 그리고 이름을 지어 주기 위해 몇 번이고 그림 영어 사전을 뒤지며 이야기를 지어낸다고 한다.

선생님이 건네준 그림 영어 사전은 얼마나 많이 들춰봤는지 페이지가 낡아서 테이프로 붙여놓았다. 아이는 영어 단어도 그 뜻도 제법 많이 알고 있었다. 잊을 수가 있겠는가. 이렇게 신기한 이름과 사연을 가진 공주들과 요정들과 괴물들이 집안 여기저기 붙어 있는데 말이다.

물론 이런 방식의 영어는 학습량으로 따지자면 정말 적은 양일 것이다. 그리고 유치부나 저학년일 경우에만 해당되는 내용일 것이다. 하지만 아이가 영어를 대하는 방식이나 영어에 가지는 마음은 책을 통한 공부로만 영어를 만나는 아이들과는 많이 다를 것이라고 생각한다. 나는 가끔 내가 수학을 책 속이 아닌 책 밖에서 만나는 경험을 했다면 조금 더 잘 할 수 있었을까 생각해 보곤 한다. 이런 생각이 들

때마다 나도 아이에게 생활 속 수학을 경험하게 해 주고 싶어서 적용해 보곤 한다.

"엄마가 그릇에 포도 10알 담았는데 다 먹으면 몇 알 더 줄까?"

아이는 날 빤히 쳐다보더니 대답했다.

"그냥 한 송이 줘."

"그, 그럴까? 그런데 '주세요'라고 해야지."

아이는 아무렇지 않게 대답한다.

"그냥 한 송이 주세요."

모든 아이들이 엄마가 계획한 대로 따라 주진 않을 것이라고 위안을 삼아본다. 도대체 생활 수학은 어떻게 적용한단 말인가.

아이의
영어 목표를 찾아라

눈에 보이는
작은 목표부터 잡아라

엄마가 직접 가르치든 학원에 보내든 결과가 바로 나오지 않는 것이 영어다. 실력이 향상되는 것이 단계별로 나뉘어 눈에 보이는 것도 아니다. 심지어 영역별로 저마다 다른 속도로 증가한다. 그래서 다들 2~3년은 꾸준히 해 봐야 결과를 알 수 있다고 한다. 그런데 3년이라는 시간 동안 흔들리지 않고 차근차근 공부를 해 나가기가 어렵다. 엄마가 정확한 단기 목표나 장기적인 방향을 갖고 있지 않다면 중간에 흔들리고 그만두게 되기가 쉽기 때문이다.

어린아이들은 엄마의 목표를 따라갈 수밖에 없다. 스스로 목표 설정을 할 수 없기 때문이다. 그렇다면 영어 목표는 어떻게 세워야 할까? 장기적인 큰 목표부터 정확하게 생각해 보자. 좋은 대학에 입학하기 위해 시험 1등급이 목표일 수도 있다. 이런 경우가 대다수이긴 하다. 그런데 아이가 지금 초등학생이라면 먼 미래에나 실현 가능한 목표다. 지금 당장 눈에 보이게 실현할 수 있는 작은 목표들이 필요하다.

얼마 전에 화상영어를 시작했다며 의욕 충만한 후배가 전화를 했다.

"지금부터 열심히 해서 내년에는 외국 바이어 미팅을 멋지게 해 보이겠어!"

"내년? 내년이라고? 1년 만에? 혹시 화상영어를 하루에 12시간씩 하는 거야?"

후배는 주 3회 40분씩 화상영어 수업을 큰맘 먹고 시작하는 거라 목표를 높게 잡아서 열심히 해나가겠다고 했다. 이런 말도 안 되는 실수를 우리는 한다. 이렇게 실현 불가능한 목표를 세워놓고 정작 실패하면 실망하고 낙담한다. '나는 해도 안 돼'를 시전한다. 그나마 해서 이만큼이라도 하게 된 것이라는 생각은 하지 않는다. 원대한 목표는 원대한 시간 동안 열심히 공부한 후에야 이루어진다는 것을 잊지 말자.

그렇다면 아이의 영어 목표는 어떻게 잡아야 할까? 아이의 영어 실력보다는 측정 가능한 부분을 가지고 짧은 단위로 쪼개어 잡는 것이 좋다. 아이의 경우 목표를 달성하는 기간을 처음부터 너무 멀리 잡으면 금방 지치기 때문이다. 가능한 한 구체적으로 이루어 나갈 수 있는 작은 목표와 시간을 잡는다. 꼭 시간을 염두에 두셔야 한다. 아이의 학습 속도에 맞추어서 가능한 한 아이가 해나갈 수 있는 시간으로 잡아야 한다. 아이들의 집중력은 길어야 15~20분인데 엄마가 30~40분이 넘게 아이와 앉아서 씨름하는 경우를 많이 보아왔다.

"엄마가 지금 여기 읽으라고 했는데 왜 딴짓해?"

"너 여기 이거 보고 쓰라고 했지? 왜 딴 데 보고 있어?"

아이는 엄마 말을 일부러 무시하고 딴청 피우는 것이 아니라 집중력이 흐트러져 앉아 있기 힘든 것일 수도 있다. 하지만 엄마들은 잘 인식하지 못하는 경우가 많다. 아이가 재미있는 놀이는 앉아서 한 시간이고 두 시간이고 하기 때문이다. 아이가 학습 습관이 아직 잡혀 있지 않다면 당연히 앉아있는 것만으로도 힘들 수 있다는 것을 알아 주자.

천천히 한 걸음씩

가끔 엄마들이 아이들에게 동기부여를 주고 격려해 주기 위해서 마지막 목표를 강조해서 말하는 것을 볼 때가 있다. 그런데 그렇게 멀리 있는 목표를 상기시켜 주는 것은 동기부여가 되기는커녕 오히려 실망과 좌절감을 줄 수도 있다.

산티아고 순례길을 여행한 친구가 있었다. 나도 여행이라면 여기저기 많이 다녀 보긴 했지만 산티아고 순례길은 그 어마어마한 길이에 질려 시도조차 해 보지 않았다. 친구는 종교적인 이유로 꼭 가고싶어 했었다. 그럼에도 불구하고 친구는 초반에 너무 지쳐 울고 포기하고 싶은 날이 많았다고 했다. 아침마다 돌덩이같이 부은 다리를 이끌고 일어나서 다시 걷기 시작한다는 것은 너무나도 힘들고 괴로웠던 순간이라고 했다. 결국 산티아고 순례길을 완주한 친구는 지금까지도 그 여행을 최고의 여행으로 꼽는다. 그러면서 해 준 이야기가 있다.

"내가 가야 할 곳이 너무 멀거나 과연 내가 이걸 할 수 있을까 싶을 때마다 내가 지금 산티아고 순례길 위에 있다고 생각해. 한 시간만 걸어보자. 오늘 12시까지만 걷자. 밥 먹고 6시까지만 걷자. 나는 그 순간순간을 열심히 걸었기에 완주할 수 있었던 거야."

나는 친구의 말에 큰 감동을 받았다. 그래서 아이들이 너무 멀리 바라보고 지쳐갈 때면 이 이야기를 해 주곤 한다.

"멀리 보지 말고 지금 당장 이거 딱 3장만 푸는 거야. 모르는 단어 딱 30개만 적어 보자. 지금은 이것만 해 보자."

아이에게 지금 네가 이럴 때가 아니고 언제까지 이걸 해야 하는데 어떻게 할 거냐고 몰아붙일 때도 있을 것이다. 하지만 아이가 너무 지쳐하고 그만두고 싶어 할 때는 바로 눈앞에 손에 잡힐 듯한 목표를 주자. 그렇게 조금씩 달성해낸 목표들이 아이들로 하여금 계속 걸어

갈 수 있는 힘을 준다.

이렇게 단계적으로 목표를 세우고 계획한 일을 이끌어 간다는 것은 성인에게조차도 쉬운 일이 아니다. 나도 처음 책을 쓰기 위해 단계적으로 실행해 나갈 수 있는 목표를 세우는 것이 말처럼 쉽지 않았다. 나는 영어를 가르치는 선생님이지, 책을 써 본 적도 책 쓰는 것을 가르쳐 본 적도 없기 때문이다.

나는 오랜 시간 아이들을 가르치고 코칭해 왔지만 책을 쓰는 것은 다른 일이었다. 책 쓰기에 관한 책을 사서 읽어 보기도 했고 글쓰기 수업을 들어보려 하기도 했지만 실천하기에는 모호했다. 열심히 꾸준히 매일 쓰라고는 하는데 언제까지 무엇을 어떤 방법으로 얼마큼 해야 한다는 정확한 지침을 주는 책이나 수업은 없었던 것이다. 그러다가 알게 된 곳이 '한국책쓰기1인창업코칭협회(이하 한책협)'였다.

나는 한책협 김태광 대표 코치의 도움을 받아 눈에 보이는 목표를 조금씩 완성해 나갔다. 그렇게 완성된 결과물이 바로 이 책이다. 책을 쓰는 것은 예나 지금이나 똑같이 나인데 그 전에는 아무리 해도 쓰지 못했던 원고를 이렇게 단기간에 완성할 수 있었던 이유는 무엇일까?

그 힘은 김태광 대표 코치의 코칭에 있었다. 그는 205권에 달하는 책을 직접 쓴 작가이기에 책을 쓰는 전 과정에 대한 세부 목표를 줄 수 있었던 것이다. 물론 개인별로 어떤 방향으로 나아갈지에 대한 주제도, 구체적인 실천 방안까지 제시해 주기에 가능한 일이었다. 코칭의 힘이란 이런 것이 아닐까? 몸소 겪은 소중한 기회의 시간이었다.

아이들의 영어 공부 또한 이와 다를 바 없다고 생각한다. 아이들은 영어에 있어서 입시까지의 여정을 긴 호흡을 가지고 바라볼 수가 없다. 그 끝을 가 본 적이 없는데 단기로 실천 가능한 구체적인 계획을 아이들이 스스로 세울 수가 있겠는가? 물론 아이들이 스스로 시행착오를 거치면서 몇 년에 걸쳐 알아나갈 수도 있겠지만 이 또한 쉽지 않고 비효율적이다.

아이들이 공부해야 할 과목은 영어뿐만이 아니고 그만큼 충분한 시간도 없다. 아이들에 대한 관찰과 더불어 각자에게 맞는 공부법과 목표를 줄 수 있다면 원하는 곳까지 무리 없이 갈 수 있을 것이라 생각한다. 공부를 하는 것은 아이들의 몫이겠지만 거기에 각자에게 알맞은 방법과 공부량을 파악해 코칭해 준다면 아무리 영어 공부에 수년간 어려움을 겪어왔다고 해도 좋은 결과를 볼 수 있으리라 생각한다.

전략적으로
단기 목표를 세워라

가끔 수학 선생님들이 이런 말을 하곤 한다. 아무리 수학에 관심 없던 아이라도 정신 차리고 공부해야겠다는 생각을 하면 어느 정도는 따라 잡는다는 것이다. 그래서 가끔 학교에서 수학 점수가 급격하게 좋아지거나 등수가 뒤바뀌는 경우가 종종 일어난다고 한다. 그러면서 "영어도 정신 차리고 공부하면 얼마든지 따라 잡을 수 있나요?"라고 물어본다. 나는 어렵다고 대답한다. 수학은 원리나 개념을 깨우치고 나면 문제를 풀 수 있다. 그렇게 되기까지 시간이 좀 걸릴 뿐이다. 하지만 영어는 수학과는 다르게 깨달음의 학문이 아니다.

영어의 경우는 연음의 원리를 깨달았다고 해서 갑자기 들리지 않는다. 영어는 언어이기 때문에 절대적으로 익히는 시간이 필요하다. 문법을 빨리 이해할 수는 있지만 어휘를 외우지 않으면 해석도 안 되고 문제도 풀지 못한다. 어휘의 어원을 갑자기 깨달아서 급격하게 어휘력이 높아질 수는 없다. 시간을 들여서 여러 문장에서 어떻게 쓰이는지를 보고 익히고 외워야 어휘가 늘어난다. 충분한 학습 시간이 필요하다. 그만큼 긴 여정이라는 소리다. 수학처럼 이번에는 이 개념, 이번에는 이 논리, 이렇게 딱딱 단원적으로 끊어지지 않다 보니 기초가 없으면 중간부터 들어갈 수가 없다. 그래서 수학보다 더 전략적으로 단기 목표를 세워 줘야 한다.

원어민과 의사소통을 자유자재로 하고 싶다거나 올해 안에 영어를 마스터하겠다는 목표는 실현 가능성이 낮다. 구체적인 실천 방안이 없기 때문이다. 절대적인 공부 시간의 확보도 염두에 두고 목표를 세워야 한다. 구체적이고 명확한 목표를 세우자. 하루에 5문장 외우기, 단어 30개 암기, 독해 지문 2개 풀기, 영어 동화책 1권 읽기 같은 정확하게 측정 가능하고 쉽게 달성해 나갈 수 있는 목표들을 이루어 나가자. 아이들에게 작은 성취의 기쁨을 자주 맛보게 해 주자. 아이는 매일 성공의 기쁨을 맛봄과 동시에 영어에 자신감이 생길 것이다.

영어를 배우는 게 아니라
영어로 배우게 하라

영어를 관심사와
접목시켜라

이제 막 중학생이 된 선희의 꿈은 패션 디자이너다. 자신이 만든 옷을 세계 최고의 모델에게 입혀 뉴욕 패션위크 무대에 세울 것이라고 한다. 말하는 내내 눈이 반짝반짝 빛나는, 아주 야무지고 당찬 꿈을 가진 친구다. 꿈이 디자이너다 보니 당연히 패션에 관심이 많고 꾸미는 것을 좋아한다. 선희 엄마는 아침마다 거울 앞에서 머리에 롤을 말고 화장을 하는 딸내미의 등짝을 맘속으로 수천 번은 내리친다고 한다. 선희는 5학년 이후로 영어 학원은 다니지 않았다고 한다.

"선희가 학원에서 내주는 숙제를 잘 안 하다 보니 진도를 따라가지 못해서 자꾸 혼이 났어요. 그게 반복되다 보니 어느 날부터 학원에 가기 싫다고 하더라고요."

상담 후 선희는 방학 특강에 등록했다. 아이들과 짧은 독해 연습을 하는 기초 리딩반이었다. 지문을 읽고 해석하고 어휘를 찾아서 외우는 수업을 했다. 선희는 뉴욕에 가기 위해 영어를 하긴 해야겠는데 공부가 너무 재미없고 어렵다고 했다. 나는 선희를 위해 패션 영어 잡지를 하나 사왔다. 청소년용 영어 패션잡지를 찾을 수가 없어 성인용 잡지를 구입해 아이가 읽기에 부적합한 내용은 없는지 먼저 훑어본 뒤 적절한 페이지만 잘라서 선희에게 주었다. 아이는 당연히 너무나도 좋아했다.

"잡지에 나와 있는 단락을 해석해 오렴. 일단 30문장부터 해 보자. 모르는 단어도 거기서 찾아서 해 와도 좋아."

나의 이 작은 이벤트가 그해 방학 특강 대변혁의 시작이 될 줄은 상상도 하지 못했다. 여자아이들은 너 나 할 것 없이 자기도 잡지로 영어를 공부하겠다고 난리가 났다. 남자아이들은 모두 게임으로 대동단결했다. 사실 잡지로 수업하는 것이 아이들에게는 쉽지 않은 난이도이기에 몇 번 하고 난 후에는 다들 두 손 들고 항복할 것이라 생각했다.

나의 예상은 보기 좋게 빗나갔다. 다음 시간 강의실에서 아이들은 각자 자신이 해석해 온 부분을 친구들과 맞춰 보며 확인하고 있었다. 심지어 다음 숙제 부분도 자기들끼리 정하고 있었다.

수업이 이렇게 활기찬 적이 있었던가. 짧은 문장이 거의 없었기에 문법과 구문을 설명하기에 좋은 문장을 토막토막 찾아내서 수업을 했다. 아이들의 관심은 온통 잡지에 쏠려 있어 집중해서 수업하기가 힘들 정도였다. 하지만 나는 이번 시간만큼은 아이들에게 끌려 다니기로 마음먹었다. 아이들은 시끌벅적하게 스스로 수업을 끌어가고 있었다. 물론 사진을 보며 잡담을 하기도 했지만 영어를 관심사에 접목시키며 점점 빠져들고 있었다.

그 전에도 아이들과 영자신문 수업을 진행해 보긴 했지만 이 정도로 아이들이 확 빠져들 것이란 생각을 못했었다. 왜 아이들은 이토록 이 수업에 빠져들었을까? 그 전에 영자신문은 강사인 내가 선택해서 학습용으로 나온 것이었다. 레벨별로 나뉘어 있어 공부하기에도 적절하고 아이들의 수준에 맞는 내용들이었다. 당연히 어떤 기사는 재미있기도 했지만 늘 그랬던 것은 아니었다. 하지만 이 잡지는 아이들이 선택한 것이었다. 아이들이 좋아하는 이야기만 잔뜩 실려 있었던 것이다. 잘 읽지 못하면서도 아이들은 광고 페이지까지 재미있어했다. 아이들은 수업이 끝나는 것을 너무나도 아쉬워했다. 수업을 계속 잡지로 하자는 의견이 쏟아져 나왔다.

나도 그렇게 해 보고 싶긴 했지만 몇몇 문제들이 있긴 했다. 아무래도 아이들 용이 아니다 보니 학습적이지 못한 부분들도 있었기 때문이다. 그리고 노파심이 들기도 했다. 생각보다 아이들이 게임 및 패

선잠지에 너무 빠져들어서 이 정도에서 잠시 멈춰야겠다는 생각이 들었기 때문이다. 하지만 어느 정도 학습이 이루어진 후 다시 한번 이런 수업을 할 계획을 세우고 있다. 아이들이 스스로 선택한 콘텐츠로 공부하는 위력을 직접 느꼈기 때문이다. 내 두 눈으로 아이들이 영어의 바다에 빠지는 것을 보는 기쁨은 나에게도 새로운 자극이었다.

영어로 즐거운 기억을 갖게 해 줘라

내가 엄마표 수학을 꿈꾸며 배웠던 멘사 지도자 과정에서는 멘사 지정 보드게임으로 아이들이 수학적 개념을 익힐 수 있게 되어 있었다. 어른인 나도 쏙 빠져서 게임에 집중할 정도였으니 아이들은 더 좋아할 것이 분명했다. 매 시간 보드게임으로 수학을 공부할 수는 없겠지만 수학을 좋아하지 않는 아이들도 충분히 관심을 가질 만했다.

보드게임 마니아인 하준이는 구구단을 수학 보드게임으로 다 외웠다고 했다. 하준 엄마는 아이가 보드게임을 너무 좋아하니 영어도 보드게임으로 할 만한 것이 있는지 궁금해했다. 나는 하준 엄마에게 몇 가지 보드게임을 소개해 주긴 했지만 한편으로는 걱정도 되었다. 엄마도 많은 노력이 필요하기 때문이다. 흥미를 유발해서 영어 학습과 연계시키는 것이 쉬운 일은 아니다.

또한 생각보다 보드게임을 좋아하지 않는 아이들도 있다. 아이 성향에 따라 다르니 덜컥 보드게임부터 구입하지 말고 체험부터 해 보는 것이 좋다. 또한 수학 보드게임은 우리말로 게임을 하다 보니 게임 몰입도가 좋다. 하지만 영어는 아이 수준에 따라 게임의 몰입도가 다르고 학습적인 부분을 느끼지 않게 하려면 엄마의 노력도 필요한 것이 사실이다.

그럼에도 불구하고 내가 이런 방식을 이야기하는 이유는 아이가 영어를 사용해서 무언가를 할 수 있는 경험을 제공하기 때문이다. 이는 아이에게 좋은 영향을 미친다. 영어를 재미와 연결해서 받아들이게 되는 것이다. 저학년 시절에는 이러한 기회를 많이 제공해 주는 것이 좋다. 물론 고학년으로 가기 위한 학습이 빠지면 안 되겠지만 어차피 학년이 올라가다 보면 공부의 목적이 시험이 될 수밖에 없다. 영어와 관련해 즐거운 추억을 만들기란 쉽지 않다. 그러니 가능한 한 아직 학습적으로 부담감이 없을 시기에 기회를 주는 것이 좋다.

· 05 ·

엄마가 먼저
영어를 공부하라

자주 쓰는 말로
스크립트를 만들어라

엄마표 그룹수업을 하면서 느낀 점이 참 많다. 아이들의 영어 실력이 좋아지는 것도 있지만 무엇보다도 엄마와 아이의 애착 관계가 좋아지고 단단해진다. 그리고 가장 눈에 띄는 점은 엄마의 영어 실력이 빠르게 향상된다는 것이다.

"공부법 책이며 아이 성향에 맞춘 방법을 찾기 위한 매뉴얼까지 하나하나 차례로 따라가다 보니 정말 이렇게 하다간 아이보다 제가 먼저 입이 트이겠다 싶어요."

한 엄마의 고백에 자리에 모인 엄마들 모두 웃음이 터졌다.

엄마들이 아이들에게 가르쳐 주고 싶은 엄마표 영어 1위는 바로 생활영어다. 엄마도 학창시절 내내 영어를 공부했음에도 막상 외국인을 만나면 의사소통이 어려웠기 때문이다. 아이들이 영어를 많이 말하게 하고 자연스럽게 의사소통을 연습하기에 가장 좋은 장소와 대상은 바로 집이고 엄마다.

그렇다면 가장 효과적인 엄마표 생활영어는 어떤 것일까? 시중에 나온 교재 중에 아이와 생활영어를 하기 좋은 책들도 물론 많다. 유튜브나 팟캐스트에도 아이와의 생활영어를 주제로 하는 방송이 많다. 하지만 이렇게 공부해도 정작 영어를 써야 할 때가 되면 생각이 잘 안 난다. 그것은 우리가 잘 쓰는 말들이 아니어서 그렇다. 지금까지 내가 해온 엄마표 생활영어 수업 중 가장 효과가 좋았던 수업은 자주 쓰는 말로 스크립트를 만드는 것이다.

아침 시간 아이와의 대화를 녹음해 보자. 휴대전화의 녹음 기능을 켜놓고 하던 대로 아이와 시간을 보내면 된다. 그리고 녹음한 것을 가지고 대본을 만든다. 이것을 다시 영어로 바꾼다.

언젠가 엄마표 수업을 따로 진행하지 않았을 때 엄마들이 생활영어에 대한 조언을 구하기에 스크립트를 만드는 것이 좋다고 말한 적이 있었다. 이후에 엄마들끼리 그룹을 만들어서 함께 공부했던 모양이다. 어느 날 다 같이 차를 마시던 중 엄마들이 요즘 이렇게 공부하고 있다며 자랑스럽게 스크립트를 보여 주었다. 나는 그것을 보고 당황스럽다 못해 자세한 방법을 알려 주지 않은 것에 대해 미안하기까지 했다. 스크립트는 이런 식이었다.

"엄마, 좋은 수면하셨어요?"
"응, 아들아. 너도 좋은 수면 시간을 가졌니?"
"이제 기상을 해야겠구나. 네가 일어나지 못하는 걸 보니 어젯밤 잘 못 잔 것이 틀림없어."
"오늘은 아침에 어떤 것을 섭취하나요? 소화하기도 편하고 맛이 있다면 정말로 좋을 텐데."

어떤가? 문법적으로 어떤 오류도 없고 심지어 무슨 뜻인지도 다 알겠다. 의사소통이 가능하다. 하지만 실제로 우리가 이런 말을 쓰지 않는 것이 문제다. 엄마들의 스크립트는 이렇게 말이 되지만 말도 안 되는 영어로 만들어져 있었다.

엄마들에게 정말 아침에 이런 말들을 하는지, 아니라면 왜 이렇게 괴상하고 긴 영어 문장을 만들었는지 물어봤다. 엄마들은 멋쩍게 웃으며 말했다. 스크립트를 작성해 놓고 아이들에게 생활영어를 하게 하려고 보니 너무 짧고 쉬워서 딱히 공부하고 외우고 할 말이 없더라는 것이다.

"'일어나', '옷 입어', '밥 먹어'를 무한 반복하고 아이 이름만 백번을 부르더라고요. 하는 말도 다 똑같아서 그냥 조금씩 다른 단어로 바꾸다 보니 이렇게 되었네요."

"스크립트 작성한 게 말이 다 짧고 별게 없더라고요. 그래서 몇 번 더 녹음하다 보니 나중에는 영작할 걸 염두에 두고 말을 하더라니까요."

우리가 생각하는 말을 영어로 그대로 영작하려 하면 안 된다. 써놓으면 글은 되고 뜻은 통하지만 그런 것은 살아있는 언어가 아니기 때문이다. 내가 작성한 스크립트 그대로를 영작하려 하기보다 내가 하려는 말의 영어 표현이 뭐가 있을지 찾아보는 것이 좋다.

기억에 남는 한 엄마의 스크립트 대사가 있었다. 동생이 언니한테 뭔가를 달라고 하자 언니가 "꿈 깨시지."라고 말한 부분이었다. 엄마가 작성한 스크립트에서는 아침 시간 내내 동생은 뭔가를 조르고 언니는 계속 꿈 깨라며 한마디로 일관되게 대응하고 있었다.

"Wake up in your dream."

꿈에서 깨라는 말이니 맞는 말처럼 보인다. 하지만 언니가 한 말은 진짜로 잠을 자며 꾸는 꿈에서 깨어나라는 말이 아니다. 절대 현실에서 이루어질 일 없으니 꿈을 버리라는 뜻이다. 영어로는 이런 경우 꿈속에서만 이루어질 일이라는 뉘앙스로 쓴다. 그래서 "In your dreams."라고 하거나 "Dream on."이라는 표현을 쓴다. 의미는 같지만 한국어와는 정반대의 표현을 쓰는 것이 참 재미있는 부분이다.

아이에게 본보기가
되어 주자

삶의 많은 부분들이 늘 예상과 다르게 흘러가곤 한다. 시작은 아이에게 생활영어를 공부하게 해 주고자 함이었는데 스크립트 만들기 이후 엄마들은 아이와 대화 같은 대화를 나눌 시간이 없다는 부분으로 의견이 모아졌다.

"아이랑 제대로 된 대화를 나누는 날이 별로 없었더라고요. 그저 밥 먹었냐, 늦는다, 일어나라, 자라, 숙제했냐… 이런 말들을 제일 많이 했어요."

"'너 지금 엄마가 뭐라 그랬어?' 이 말 꼭 하지 않아요?"

"맞아요. 그리고 아이가 하는 말을 영어로 바꿔서 알려 주고 영어를 쓰라고 하려 했는데 아이가 말을 별로 안 하더라고요."

의도는 '아이와 집에서 생활영어를 사용해 보자'였지만 결론은 '아이와 진짜 속 깊은 대화를 나누자'로 났다. 의도보다 더 멋진 결론에 도달한 것이다. 세상에 아이의 미래를 걱정하지 않는 엄마가 어디 있으랴. 하지만 현재의 행복에 불확실한 미래의 그늘을 드리울 필요는 없지 않을까?

아이들이 하는 말이나 행동들은 집에서 엄마 아빠를 보고 배우는 것이 가장 많다. 특히 말하는 방식이나 감정 표현 방식 같은 것은 가르쳐 주지 않아도 그대로 따라 한다. 그래서 옛말에 애들 앞에서는 찬물도 마시지 말라고 했나 보다.

한번은 남편의 휴대전화가 울리는 것을 보고 둘째 아이가 나를 보며 물었다. "누구야? 거래처야?" 나는 아이의 말에 웃다 쓰러질 뻔했다.

또 하루는 첫째가 라푼젤 인형을 가지고 놀면서 혼잣말로 "왕자는 왜 안 오는 거야?"라고 화를 내니 옆에서 둘째가 올라프 인형을 가지고 대답했다. "왕자는 거래처에 갔잖아!"

남편과 대화할 때 오늘 거래처랑 약속이 있다거나 거래처에서 전화 왔다는 말을 자주 하는 것을 아이는 다 듣고 보고 있었던 것이다. 이처럼 부모는 아이에게 가장 큰 영향력을 끼치는 본보기다.

아이가 집에서 자연스럽게 영어를 구사하고 공부하길 바란다면 엄마가 먼저 영어를 공부하는 것이 좋다. 아이에게 영어 공부하라고 강요하기보다 엄마가 먼저 시간을 정해 책상 앞에 앉아서 공부하는 모습을 보여 준다면 아이도 자연스레 엄마 곁에 앉아 공부하게 될 것이다. 굳이 강요하거나 말하지 않아도 어쩌면 아이는 엄마가 왜 다시 영어를 공부하는지 어렴풋이 느낄지도 모른다. 시간이 지나면 아이들은 엄마가 처음 의도했던 것보다 비교할 수 없이 멋진 결론에 도달해 있을지도 모를 일이다. 시작은 엄마표 영어였지만 결론은 아이의 함께하는 영어가 된다면 더 멋지지 않겠는가?

06

운동화 신은
영어

체력을
길러야 한다

흔히들 영어는 쉽게 추월하기 어려운 과목이라고 한다. 공부의 양
이 차지하는 비중이 크기 때문이다. 그래서 학년이 올라갈수록 등수
나 등급을 올리기가 쉽지 않다. 저학년의 경우 여자아이들이 언어 감
각이 좋아서인지 잘하는 아이들이 주로 여자아이들인 경우가 많지
만, 중등을 지나서 고등으로 가게 되면서 남자아이들이 두각을 나타
내는 경우가 상대적으로 많이 생긴다.

왜 그럴까. 물론 통상적이지는 않다. 하지만 남자아이들이 소위
말하는 '엉덩이 힘'을 공부에 발휘하면 그 어렵다는 등급 이동이 가

능했다. 나는 이게 어떤 방법이나 성향 때문이 아닌 그저 단순한 체력 차이라고 생각한다. 고등부로 올라가면 일단 공부량이 압도적으로 많아져서 체력적으로 힘들어하는 여자아이들을 많이 보았기 때문이다.

이슬이는 공부를 잘했다. 중학교 2학년에 올라가면서 고등부 진학에 대한 상담을 할 때 본인은 특목고나 자사고에 진학하고 싶어 했는데 엄마는 반대했다.

"이슬이가 체력도 안 되고 정신력도 안 돼요. 너무 예민하고 감정적이라 아마 고등학교를 그런 데 가면 못 견딜 것 같아요."

엄마 말도 일리가 있었다. 고등학교에서 소화해야 하는 공부량은 중학생들이 상상할 수 있는 수준이 아니다. 일단 영어 한 과목만 간단하게 예를 들어도 모의고사 지문에, 교과서에, 부교재에, 프린트까지 몇 배 이상 차이난다.

이런 상황에서 새로 배우는 것도 따라가면서 예전에 부족했던 부분까지 보충해서 등급 역전을 이루어 내는 아이들은 정말 그 학년이 되어서 머리가 트인 것일까? 내가 보기엔 아니다. 그냥 어마어마한 공부량을 소화해 낼 수 있는 체력이 있는 것이다.

몸이 지치는데 정신이 말짱한 채 공부를 할 수는 없다. 일단 집중력이 떨어지면 더 이상 책상에 앉아 있는 시간은 의미가 없다. 그런데 체력이 워낙에 없는 아이들은 지친 몸을 회복하는 데도 시간이 많이 걸린다. 나는 이 체력의 차이로 인해 고등부에서 무너지는 아이들을 많이 보았다. 그러다 보니 분명 공부하는 시간은 더 늘어나는데도 성적이 점점 떨어지는 결과를 맞이한다. 이런 결과를 앞에 두고 '아, 내가 체력이 부족해서 집중력이 떨어지는구나. 체력을 길러야겠다.'라고 생각하는 아이가 몇이나 될까? 아이는 고작하고 부모님도 찾아보기 힘들다.

대부분의 경우 충분하지 못한 공부량이나 집중하지 못했던 자신, 해도 안 되는 머리를 탓한다. 상황에 대한 파악이 제대로 되지 않으니 아이는 점점 공부에 자신을 잃는다. 다음 시험에는 잠을 더 줄여 가면서 공부했는데 점수는 더 떨어지니 아이는 이내 좌절감과 무력감에 빠진다.

아이들은 그러한 감정을 직시할 마음의 힘이 없다. 미래에 대한 불안함에 정면 대응해서 이겨나가는 것은 성인에게도 힘든 일이다. 우리가 '소확행'이나 '탕진잼'에 빠지는 것도 그런 위로의 일환이다. 아이들은 어디서 어떻게 위로를 얻을 수 있겠는가? 그렇다. 우리가 피할 수 없는 강력한 과학기술의 총집합체인 스마트폰과 그 안에 있는 게임들이다.

자투리 시간을 활용해서 공부해 봤자 성적은 오르지 않는데 게임은 소소하지만 확실하게 레벨 업을 하는 행복을 선사한다. 몇천 원으로 아이템을 바꾸는 탕진잼은 안 해 봤으면 말을 마라. 이런 재미가 또 없다. 현실이 불안하고 힘든 만큼 스마트폰 속 세상이 더 좋고 안락하게 느껴진다.

이슬이는 이제 겨우 중학교 2학년이니 충분히 체력을 기를 수 있을 것이라 생각했다. 엄마와 함께 이슬이에 대해 상담을 했다. 이슬이의 취미는 셀카 찍기였다. 운동은 좋아하지 않는다고 했다. 앞으로 저녁마다 한 시간씩 엄마와 함께 운동 시간을 갖기로 했다. 매일은 힘들지라도 주 3회는 꼭 공원에 가서 걷기 운동을 하겠다고 했다.

이슬이가 좋아하는 카메라를 가지고 운동 일지 셀카를 찍는 것을 숙제로 주었다. 이슬이는 이 숙제가 꽤 마음에 들었는지 충실하게 실행해 나갔다. 영어 학원에서 저녁 산책 인증사진 찍기가 숙제라니…. 엄마가 동의하지 않았다면 불가능했을 것이다. 하지만 이슬 엄마는 안 그래도 아이의 체력을 걱정하고 있던 터라 숙제 이행률이 꽤 높았다. 나중에 이슬 엄마가 고맙다며 해 준 이야기가 아직도 기억에 남는다.

"체력도 좋아졌지만 더 좋아진 건 이슬이 마음과 제 마음 같아요."

시간이 지나 이슬이는 사정이 생겨 학원을 그만두게 되었지만 이후에도 종종 카톡을 보내오곤 한다. 카카오스토리에 엄마와 함께한 저녁 운동 인증사진이 종종 올라오는 것을 보면 다른 설명 없이도 잘 해나가고 있다는 것을 알 수 있다. 몸도 튼튼, 마음도 튼튼한 아이라면 걱정할 것이 없지 않겠는가?

공부 장소를
바꾸는 것도 좋다

나는 공부를 하다가 슬럼프가 오면 책가방을 들고 나갔다. 낮이라면 공원이나 풍경 좋은 카페에 가기도 하고 저녁에는 찜질방이나 24시간 카페 같은 곳으로 갔다. 사실 편리함을 따지자면 집에서 공부하는 것이 제일 좋다. 그런데 이상하게 비일상적인 공간에서 공부를 하면 집중이 잘되고 효율이 오르는 것 같다. 나만 그런 것이 아니다. 이젠 카페에서 공부하는 사람들의 모습을 흔하게 볼 수 있다. 오죽 많았으면 스터디 카페 같은 새로운 사업장이 생길 정도다. 그럼 장소가 아니라 행동이 바뀌는 것은 어떨까?

언젠가 새해 목표로 한자 공부와 운동을 하기로 했다. 그러나 헬스장에는 한 달에 반도 제대로 가지 못했다. 그리고 운동을 다녀온 날은 하루가 너무 빨리 지나가 버렸다. 정작 운동하는 시간보다 다른 부분들에서 시간 낭비가 많다고 느꼈다. 한자 공부도 꾸준히 해야 하는데 어떤 방법으로 할지를 정하지 못했다. 급수를 딸지 고사성어를 외울지 아니면 논어 같은 것을 외울지 고민만 많아졌다. 그러다가 점점 더 이런저런 이유로 둘 다 안 하고 있는 자신을 발견했다. 나는 한자도 운동도 좋아하지 않기 때문에 하기 싫은 이유만 잔뜩 찾아내고 있었던 것이다.

일단 시작하기로 했다. 뭉그적거리는 일은 결국 안 하게 된다는 것을 그간의 경험으로 나는 너무나도 잘 알고 있었다. 단어 암기 카드에 자주 쓰는 한문 단어들을 줄줄이 썼다. 운동은 가장 단순하고 좋다는 스쿼트를 하기로 했다. 하루에 단어 10개, 스쿼트 10개를 하기로 했다. 노트에 한자를 10번 쓰고 나서 스쿼트를 10번 하면서 한자와 뜻을 큰 소리로 말하면서 외웠다. 카드는 하루 종일 틈날 때마다 봤다. 다음날 전부 읽을 수 있고 기억이 나면 또 다른 한자 10개를 썼다. 어제 공부한 카드에서 읽지 못하는 카드를 추려서 그게 13개면 스쿼트 13개, 15개면 스쿼트 15개를 했다.

스쿼트가 지겨운 날은 단어카드에 논어를 써서 운동화를 신고 나갔다. 운동도 한자 공부도 따로 하는 것보다 둘을 합쳐서 하는 것이 개인적으로 더 좋았다. 흔히 하기 싫은 것을 해내려면 좋아하는 것과 합쳐서 하라는 말을 하곤 한다. 그런데 하기 싫은 두 가지 일을 한 번에 해내는 것도 실천해 보자. 하고 난 후의 성취감이 대단하기 때문이다.

아이들의 집중력이 떨어지거나 수업 분위기가 안 좋을 때, 생각 같아서는 운동화 신고 공부할 문장 적어서 밖으로 나가고 싶을 때가 있다. 가까운 놀이터나 공원에서 산책하면서 공부해 보고 싶은 생각이 드는 것이다. 아이들과 강의실이 아닌 스터디 카페에서 공부해 보는 것은 어떨까? 김밥 사서 소풍 나가 공부하는 것은 어떨까?

물론 새로운 문법 설명이나 문제 풀이를 할 때는 어렵겠지만 문장 암기나 테스트 같은 것은 충분히 가능할 것도 같은데 현실에서는 제약이 많다. 그래서 나는 아이들에게 이런 이야기를 한다. 암기가 잘 안 되면 운동화 신고 나가라고. 요즘에는 따로 단어 카드도 필요 없다. 스마트폰 하나만 있으면 다 해결되기 때문이다.

바쁜 일상에 운동하기 쉽지 않은 부모도 함께한다면 이보다 더 좋을 수 없다. 운동의 개운함이 답답했던 아이의 머리를 깨우고 체력이 쌓이면서 자신감도 생길 것이다. 영어 실력은 덤으로 오를 것이다.

07

아이가 스스로
움직이게 하라

답답하더라도
스스로 하도록 지켜봐 주자

"내가 할 거야!"

첫째가 이 말을 처음 외쳤을 때는 너무 귀여웠다. 언젠가 육아서에서 읽은 적이 있었다. 뭐든지 스스로 하고 싶은 나이가 오는데 그때부터 엄마들이 힘들어진다고. 그럼 그 전에 힘들었던 것은 무엇이란 말인가?

얼마 지나지 않아 나는 아이의 "내가 할 거야!"에 노이로제가 걸릴 지경이었다. 아이는 음식을 다 흘리면서도 자기가 먹는다 하고 제대로 옷이 입혀지지 않는다고 울먹이면서도 "내가 한다고!"를 외쳤다.

모든 아이들이 그런단다. 그렇다면 그사이 무슨 일이 있었기에 우리 아이들 입에서 "엄마가 해 줘."가 나오게 되는 걸까? 그 이후로 오랫동안 말이다.

어느 날 나는 말도 잘 안 통하는 아이와 입씨름을 하는 내가 너무나도 한심해 보였다. 아이는 자기가 하고 싶은 말을 할 뿐이지 아직 내가 하는 말을 이해하지 못했다. 왜 비가 안 오면 장화를 신을 수 없는가, 왜 드레스를 입고 유치원에 갈 수 없는가, 왜 인형 신발을 신을 수 없는가. 이런 것들에 대해 설명하고 시간을 잡아먹고 진땀을 빼는 것이 싫었다. 그리고 아이가 그렇게 아무 짝에도 쓸모없는 짓을 하는 것을 지켜보기가 답답했다.

나는 모든 일에 더 빠르고 효과적인 길이 있는지에 대해 늘 고민하고 생각해서 처리해야 한다는 강박관념 같은 것이 있다. 그리고 목표한 일이 있으면 결국 해내고야 마는 성미이기도 하다. 나의 이런 성향이 아이를 바라보는 시선에도 그대로 묻어났다. 아이의 시행착오를 온화한 시선으로 지켜보는 것은 나에겐 너무나도 힘든 일이었다.

똑같은 일들은 나의 강의실에서도 벌어졌다. 나는 아이들의 잘못된 습관을 고쳐 나가고 공부하는 데 있어서 불필요한 시간 낭비를 줄이는 것이 중요하다고 생각했다. 아이들은 스스로 교과서를 보고 무엇이 요점이고 어떤 것이 중요한 포인트인지 알아가야 한다. 그래야 다음에도 그다음에도 그 포인트를 잡아서 효율적으로(내가 제일 좋아하는 말이다) 공부할 수 있다.

하지만 나는 아이들에게 시행착오를 겪을 시간을 허락하지 않았다. '이번 단원에서 중요한 부분은 이런 것이고, 이런 부분을 아는지 확인하기 위한 시험 문제가 이렇게 나왔고, 그러니 너희들은 이걸 이러저러한 방식으로 공부해야 한다'까지가 내 수업방식이었던 것이다. 아이들이 이런저런 문제를 겪고 있으면 그걸 가장 단기간 효과적으로(내가 굉장히 좋아하는 말이다) 해결해야 할 해법을 찾아내기 위해 밤을 새웠다.

내 안에는 이런 부분에 대한 깊은 고민이 아직까지도 남아 있다. 답을 찾을 수가 없었기 때문이다. 시행착오를 통해 자신을 알아가고 더 좋은 방법을 찾아 발전해 나가는 것이 중요하다는 것을 알면서도 실천하지 못했다. 당장 눈앞에 있는 시험 때문이었다. 아이들은 점수에서 자유로울 수 없다. 아이들은 점수를 가지고 미래를 산다. 아무리 좋은 방식의 수업이나 교육법이라도 시도해 볼 엄두조차 나지 않았다.

나는 지금 당장 결과가 확실해야 했다. 학교 성적, 수능 점수라는 정확한 결과가 필요했다. 목표에 도달하기 위한 가장 좋은 방법은 다량의 주입식 교육과 암기였다. 지금까지는 그 방법이 늘 옳았다. 아이들은 이런 방식으로 좋은 점수를 얻었다. 나는 조금씩 방법을 달리해서 재미를 주고 흥미를 불러일으킬 뿐이지 큰 뼈대는 주입식 교육과 암기였다.

실패를 통해
배운다

4차 산업 시대라고 한다. 교육도 달라져야 한다. 그렇다면 가장 중요하게 생각하고 발전시켜야 할 핵심 역량은 무엇일까? 바로 4C라고 한다. 비판적 사고능력(Critical Thinking), 의사소통능력(Communication), 협업능력(Collaboration), 창의력(Creativity)을 뜻한다.

그렇다면 과연 학교에서 이런 능력들을 교육하고 키워줄 수 있을까? 정답도 없고 측정도 불가능한 부분을 어떻게 시험을 통해 점수화시켜 대입에 반영할 수 있겠는가.

나는 창의력 같은 역량은 공교육에서 가르치기 어렵다고 생각한다. 교과서에도 없고 시험 범위도 없으며 정답도 없는 이런 능력을 누가 어떤 기준을 가지고 가르칠 수 있단 말인가. 공교육에서 어렵다면 사교육에서도 그렇다. 우리나라의 사교육은 입시가 최종 목표인 경우가 많기 때문이다. 학생들과 학부모 중에 입시에서 자유로울 수 있는 사람이 얼마나 되겠는가.

그렇다면 우리 아이들은 어디서 이런 능력을 키울 수 있고 배울 수 있는가? 나는 이런 능력이야말로 엄마표 아빠표여야 한다고 생각한다. 생활 속에서 가르치라는 것이 아니라 아이가 스스로 배울 수 있게 기다려 줘야 한다. 가정환경에서 스스로 배우고 경험해 보고 키워야 할 능력인 것이다.

아이가 자신의 눈앞에 놓인 문제를 자신의 시각으로 판단하고 결정해서 시도해 보게 해 봐야 한다. 아이들은 성공한 사례보다 실패한 사례에서 더 많이 배운다. 그래서 아이들이 실패를 많이 경험하게 해 주는 것이 좋다. 실패를 자연스러운 일로 받아들일 수 있게 된다면 얼마나 많은 시도와 도전을 해 볼 수 있을까? 이렇게 자라난 아이들이 성인이 되어서 사회에 나간다면 더 멋진 일들을 할 수 있지 않을까? 물론 이것은 성인에게도 해당되는 일일 것이다.

시행착오는 성공의 발판이다

나는 첫째 아이의 "내가 할 거야!"를 외치는 빈도수가 잦아들고 있는 것을 느꼈다. 아이는 집 안에서 자신이 할 수 있는 일에는 그 말을 외치지 않았다. 아이는 초반에 이것저것 마음대로 되지 않음에 상심하고 울곤 했지만 이내 언제 그랬냐는 듯이 아무렇지 않게 넘어갔다. 아이는 어쩌면 나보다 더 참을성 있게 자신만의 속도로 문제를 해결하려 했다. 참고 기다리지 못한 것은 오히려 엄마인 나였다.

나라면 판단 실수로 똑같은 일을 몇 번이고 반복하는 일에 답답하고 화가 났겠지만 아이는 아니었다. 아이는 재미난 미로 찾기를 하듯, 퍼즐 문제를 풀듯 이리 가 보고 저렇게 해 보면서 자신의 생각을 생활의 이곳저곳에 적용해 보았다. 자기 나름의 방식을 찾아 나가는 것 같았다. 아이의 성장에 나도 역시 성장한 것이 느껴졌다. 둘째가 보낼 '내가 할 거야' 시간은 조금 더 잘 기다려 줄 수 있을 것 같다는 자신이 들었다.

학습에 있어서도 이런 경험들을 해 볼 순 없을까? 나는 내 나름 대로 이 문제에 대한 방법을 이리저리 찾아보고 있다. 지금 내가 찾은 하나의 큰 변화는 수업의 중심이 내가 아니라 아이들로 옮겨 갔다는 것이다.

예전에는 큰 강의실에 아이들이 30~40명씩 앉아 있고 강사는 마이크를 써가며 일방적으로 수업을 했다. 하지만 지금은 가능하면 아이들이 말하게 할 수 있는 방법을 찾고 개인에 맞추어 교재도 진도도 다르게 나간다. 아이들 성향과 수준에 맞추어 각자가 소화할 수 있는 만큼만 나아가는 것이다. 물론 시험이 있는 중등부나 고등부 수업은 여전히 주입식 암기 교육이지만 이 또한 시간이 지나면 나름의 창의적인 해법을 찾을 수 있지 않을까 생각해 본다.

아이를 스스로 움직이게 해야 한다. 나는 아이들이 도움을 요청할 때만 도와줘야 한다고 생각한다. 아이를 스스로 움직이게 하는 방법은 아이가 중심이 되는 것이다. 아이가 학습의 중심이 되어서 나아가면 된다. 대학에서는 이런 변화들이 일어나고 있다. 더 이상 교수가 일방적으로 지식 전달을 하는 것이 아닌 학생들이 스스로 학습을 하는 방향으로 나아가고 있다는 이야기를 들었다.

처음부터 우리 아이들이 멋지게 잘해낼 수는 없을 것이다. 답답한 시도를 하고 눈에 뻔히 보이는 실수를 할 것이 분명하다. 내가 아는 방법으로, 내가 겪은 경험을 바탕으로 가르쳐 주고 싶겠지만 조금만 더 기다려 보자. 조금씩 우리 아이들에게 시행착오의 시간을 허락해야 한다. 아이의 실패와 장애물 앞에 담담해지는 연습을 우리도 해야 한다. 아이들은 실패를 발판 삼아 더 멀리 보고 더 많이 배울 수 있을 것이다.

08

크리에이티브하게
영어 단련하기

영어를
사용할 기회는 충분하다

　학창시절 영어 공부한 것을 스스로 단련하고 확인해 볼 만한 수단이 뭐가 있었을까 떠올려보니 그다지 생각나는 것이 없다. 문제집과 시험지로 점수를 확인하는 것 외에 내 영어 실력을 써 보고 단련해 볼 만한 영어의 장이 없었던 것이다. 내가 학교에 다닐 때는 인터넷이 없었다. 중학교 때 전화로 연결되는 PC통신이 있긴 했지만 우리나라 사람들과의 채팅만 했었던 것 같다. 외국인과 채팅을 할 수 있는 방법도 몰랐고 해 보지도 못했다. 어렸을 때는 해외 펜팔 같은 게 있긴 했었지만 그마저도 내가 쓴 문장이 맞는지 틀리는지 확인해 보기가 너무 어려웠다. 학원 선생님께 물어보려고 해도 학교 공부 아닌 것을 물어본다고 혼이 나기도 했고 어떨 때는 너무 많은 수강인원 때문에 물어볼 엄두조차 나지 않았다. 아마 이런 이유들로 영어가 익숙해지기 더 쉽지 않았던 것 같다. 그만큼 영어를 접하고 사용해 볼 만한 기회가 없었던 것이다.

지금은 어떤가? 마음만 먹으면 영어를 써 볼 기회가 주변에 널렸다. 유치원생조차 좋아하는 만화영화의 주제가를 영어로 부르는 세상이다. 생각지도 못했던 재미난 방식이 여럿 있고 마음만 먹으면 얼마든지 외국인과 채팅도 할 수 있으며 동영상으로 메시지도 주고받을 수 있다. 그런데 우리가 아는 방식이 아니다 보니 잘 모르는 경우가 많다. 이것은 비단 엄마들만의 이야기가 아니다. 영어 강사들이나 원장들 역시 시간이 날 때마다 모여서 공부하고 배운다. 영어를 배우는 것이 아니라 영어를 배우는 방식, 즉 배우는 법을 배워야 하는 시대이다.

세상이 변하는 만큼
교육방식도 변해야 한다

예전에 가르쳤던 제자들과 연락이 닿아 만나기로 했다. 다들 졸업하고 살아가기 바쁜 것을 뻔히 아는지라 이렇게 따로 연락이 되어서 만날 일이 생기면 그렇게 설렐 수가 없다. 그 당시 수업했었던 모습이 생각나기도 하고, 어렸던 아이들이 어느새 의젓한 어른이 된 것을 보면 그렇게 뿌듯할 수가 없다. 돌아보면 정말 얼마 안 된 시간들 같은데 까마득히 멀게 느껴진다. 카페에서 만나 시간 가는 줄도 모르고 이야기를 하다 밥을 먹으러 가기로 했다. 그런데 아이들이 전부 유튜브로 식당을 검색하는 것이 아닌가. 나는 이 새로운 검색 문화에 또 놀라고 말았다. 아이들은 동영상이 더 편한 젊은 세대인 것이다.

아이들은 유튜브로 정보를 찾고 심지어 유튜브로 일기를 쓰는 아이들도 있었다. 구독자 수도 꽤 많다고 했다. 하기야 요새는 유튜브로 자신이 공부하는 모습을 찍어서 올리기도 한다니 이쯤 되면 나는 디지털 문맹이 아닌가 싶다. 나는 아직도 모르는 것이 있거나 궁금한 것이 있으면 초록색 창에서 검색을 한다. 나는 영상보다 문자가 더 익숙한 세대인 것이다. 사진과 문자의 조합이 나에겐 가장 편안하게 와 닿는다.

그런데 우리 아이들은 다르다. 요새 들어 세상이 변하는 속도가 점점 더 빨라지는 것 같다. 과연 내가 이 변화에 발맞추어 갈 수 있을지 걱정이 된다. 예전에 우리가 어른들에게 느꼈던 세대 차이보다 지금의 아이들이 우리에게 느끼는 세대 차이는 더 어마어마할 것이다. 세대가 그만큼 말도 안 되게 빨리 변해 버렸으니 우리가 하는 이야기나 방식이 어쩌면 그들에겐 고리타분하다 못해 신기한 지경인 것이다.

세대 차이의 격차가 점점 더 벌어지다 보니 세대에 대한 이해도 또한 현저하게 떨어지고 있다. 나는 종종 주변에서 도저히 이해가 안 가는 ○○년생들에 대한 이야기를 많이 듣는다. 언젠가 선생님들과 책을 사서 읽어야 할 판이라고 농담처럼 웃고 떠들었었는데 정말 그런 책이 나와서 베스트셀러가 된 것을 보고 깜짝 놀랐다. 이제 책으로 읽어야만 서로를 이해하는 데 도움이 될 판인 것이다. 이렇게 달라 졌으니 기존 교육방식으로는 아이들에게 먹히질 않는 것이다.

한번은 시험이 끝나고 아이들과 함께 무비데이를 가지기로 했다. 함께 영화를 보며 그동안 수고했다는 격려 시간을 갖고자 한 것이다. 그런데 예상외로 아이들의 반응이 좋지 않았다. 왜일까? 우리 때는 영화를 보여주고 과자만 있으면 세상 즐거웠는데 말이다.

요즘 아이들은 영화를 보는 것보다 영화 추천 프로를 보는 것을 더 좋아한다. 책도 직접 읽는 것보다 유튜버가 책을 읽고 그 책에 대한 감상과 서평을 하는 영상을 보는 것을 더 좋아한다. 그나마 아이들이 집중해서 보는 영화는 스토리 라인이 중심이 아닌 화려한 볼거리의 영화다. 영화의 내용을 따라가기보다 결론이 어떻게 되었는지 더 빨리 알고 싶어 한다.

나는 문득 어른들이 너무 결과를 중요시해서 그런가 싶은 생각이 들기도 했다. 어찌되었건 아이들은 점점 더 빠르고 새롭고 재미있는 곳으로 관심을 돌린다. 이런 변화들은 학습에 있어서도 피해갈 수 없는 부분이다.

더 빠르고 더 새롭고
더 재미있게

아이들과 영어로 질문하고 답하는 게임을 했다. 언뜻 들어 보면 그것은 우리 때도 했던 것 아닌가 싶겠지만 이번에는 대답하는 대상이 컴퓨터 인공지능이다. 동물 이름을 맞추는 스무고개 게임이었는데 아이들이 질문하면 컴퓨터가 대답해 주는 것이다. 아이들이 동물을 맞추면 포인트를 하나씩 주고, 모든 게임이 끝나고 포인트를 합산해서 최고 점수를 얻은 아이에게 간식을 주기로 했다.

아이들은 이보다 더 적극적일 수 없었다. 동물 이름을 외우고 영어로 물어보며 스마트폰으로 찾아보고 난리가 났다. 선생님에게 물어보는 시간도 기다리지 못해 구글 번역기를 찾아가면서 영어 질문을 추려내고 문장을 따라 읽었다.

나는 이 수업을 하면서 깨달은 점이 많았다. 만약 이 게임을 내가 아는 방식의 스무고개로 진행했다면 과연 아이들이 이렇게 적극적으로 참여했을까? 분명 재미없어하고 금세 흥미를 잃었을 것이다.

사실 스마트폰을 일상적으로 사용한 지는 그렇게 오래 되지 않았다. 처음 휴대전화로 인터넷 검색이 가능하다고 했을 때 내가 가장 먼저 했던 생각은 '왜 휴대전화로 인터넷을 검색해야 하는가'였다. 지금 보면 어처구니없는 생각이지만 정말 그랬다. 지금은 어떤가? 스마트폰은 내 삶을 변화시키다 못해 송두리째 바꿔 놓았다고 해도 틀린 말이 아니다.

영어 듣기 공부를 하려고 AFKN 라디오를 들었던 적이 있다. 당시에는 스마트폰이 없었기에 영어 듣기 공부에는 AFKN 라디오만 한 것이 없었다. 지금은 어떤가? 스마트폰만 있다면 세상 모든 영어 방송을 보고 들을 수 있다. 이런저런 방송을 골라가며 듣는 재미도 있다. 우리에게도 이런 변화가 새롭고 즐거운 것이 사실이다. 어디 이것뿐이겠는가. 아이들은 스스로 애니메이션도 만들 수 있고 스토리를 만들어서 더빙도 할 수 있다. 노래도 만들 수 있다. 우리가 해오던 그 어떤 방법보다도 더 빠르고 더 새롭고 더 재미있다. 그리고 그래야 한다고 생각한다.

나는 아이들이 좀 더 다양한 방법으로 영어를 써보았으면 좋겠다. 매번 수업이 그럴 수야 없겠지만 이런 여러 가지 시도들이 수업에 더 활기를 주고 생동감을 불어 넣어 주는 것은 사실이다. 내가 가르쳐 온 아이들이 그렇고 다른 선생님과 사례를 공유해 봐도 그랬다.

그런데 가장 넘기 힘든 벽은 의외로 엄마들이다. 오히려 더 견고하게 예전의 방법을 선호하는 엄마들이 꽤 많다. 가끔은 나도 그렇다. 지금 알고 있는 방법도 다 적용해 보지 못할 텐데 새로운 방식에 대한 공부를 계속 해야 할까? 이런 생각이 들 때마다 나는 예전에 스마트폰 소식을 처음 들었던 그날을 생각한다. '왜 휴대전화로 인터넷을 검색해야 되는가?' 내가 직접 휴대전화로 인터넷 검색을 한 뒤에야 깨달을 수 있었다.

할 수만 있다면 아이들이 영어를 이리저리 가지고 놀아볼 수 있는 방법을 가르쳐 줘야 한다. 그래야 아이들이 영어를 빨리 익힐 수 있다. 더 빠르고 더 새롭고 더 재미있는 크리에이티브한 방법이 있다. 모른다면 모를까, 안다면 하지 않을 이유가 없다.

PART 4

아이의
자존감을
높여주는
영어 공부법

아이의 영어 실력을
정확하게 알고 시작하라

꾸준히 하는 것만큼
어려운 것은 없다

아이의 영어 실력을 정확하게 알고 있는가? 아이가 엄마표 영어로 공부하고 있다면 엄마는 이 질문에 대답할 수 있어야 한다. 아이가 너무 어려 실력을 정확하게 측정하지 못하는 상황이라면 상관이 없다. 혹은 아이가 영어 공부를 시작한 지 얼마 되지 않았다면 괜찮다. 실력이랄 것이 아직 없을 테니까 말이다. 그런데 그렇지 않다면? 엄마가 집에서 가르친다면 잘 알고 있을 것 같은데 그렇지 않은 엄마가 더 많았다. 왜 그런 걸까?

엄마들은 아이가 잘 따라오고 대답도 잘한다면 잘 배운 것이라고 생각한다. 그런데 10일 후에 확인해 보면? 한 달 후는 어떨까? 3개월 후는? 아이들은 습득력이 좋은 만큼 망각력도 좋다. 그래서 꾸준히 반복 학습을 해야 하는데 이게 잘 이루어지지 않는다.

어떤 곳에서는 아이가 실력이 느는지 확인하지 말라고 한다. 그저 오랜 시간 들이부으면 언젠가는 아이가 입이 터져 발화하는 순간이 온다는 것이다. 하지만 일단 그렇게 오랜 시간 들이붓는 것부터도 쉽지 않다. 그리고 시간이 지나 발화하지 않으면 꾸준히 충분한 시간을 하지 않았기 때문이란다. 그런데 정말 그렇게 오랜 시간 집중해서 매일 한다면 어떤 방법이든지 영어 실력은 몰라보게 늘지 않을까 싶은 생각이 들기도 한다. 가끔 영어 학원이나 영어 학습 앱을 선전하면서 매회 빠지지 않고 다 들으면 수강료를 100퍼센트 환불해 준다는 광고를 한다. 그것은 그만큼 성공 확률이 높지 않다는 이야기다. 매일 꾸준히 하기란 그만큼 어렵다.

아이의 실력부터
파악하라

"원서 읽기 수업을 2년 정도 했어요. 그리고 권수로 따지면 500~600권 정도 되는 것 같아요. 읽어 보라고 하면 잘 읽어내고 해석도 제법 잘하고 있어요."

이 말을 듣고 아이의 실력이 어느 정도인지 짐작이 가는가? 전혀 알 수 없다. 이런 아이들이 레벨 테스트를 봤을 때 낮은 점수가 나올 경우 엄마들은 전혀 수긍하지 않는다. 문법 문제식 수업을 하지 않았기 때문에 이런 문제는 잘 풀지 못한다는 것이다. 그럼 어휘 실력은 확인할 수 있을까? 아니다. 아이가 문맥 속에서 자연스럽게 뜻을 파악하기 때문에 단어와 뜻을 따로 시험의 형태로 보면 충분히 자기 실력이 나오지 못한다고 한다. 그럼 듣기는 어떻게 테스트할 수 있을까? 듣기 문제 특유의 유형이 있는데 우리 아이는 이런 듣기 공부를 해본 적이 없기 때문에 시험에서 점수를 잘 받을 수가 없다고 한다. 선생님 입장에서는 난감하다. 왜냐하면 아이는 엄마가 생각하는 실력이 안 되기 때문이다. 그리고 엄마에게 그 사실을 알리기가 매우 어렵다. 감정이 먼저 앞서서 인정하지 않기 때문이다.

안타깝게도 이런 경우 정확하게 진단을 내려주는 곳보다 듣기 좋은 이야기를 해 주는 곳으로 가는 경우가 종종 있다. 심지어 몇 년이 지나서 상급반으로 올라가기까지 했다가 다시 찾아오는 경우도 있다. 아이들이 어느 정도 학원을 다니면 자연스레 레벨이 올라야 하기 때문에 그에 맞추어 레벨은 올라갔지만 결국 아이가 따라가지 못하고 그만두게 되는 것이다. 아이는 아이대로 실패감을 느끼고 시간 낭비를 한 것이다.

그런데 이것보다 더 걱정스러운 것은 아이들이 다시 자기 위치를 찾아서 기초부터 해야 하는 순간에 자기는 이미 다 안다는 착각에 빠지는 경우이다. 정확하게는 모르지만 들어는 봤고, 틀리긴 했지만 풀어 보기는 한 것이다. 분명히 몰라서 틀린 것인데 아이는 아는 것을 실수로 틀렸다고 생각한다. 그리고 다음에도 이런 일이 반복된다. 아이는 자꾸만 실수라고 하고, 엄마는 아이가 알긴 아는데 꼼꼼하지 못해서 실수를 계속한다고 속상해한다. 하지만 잘 생각해 보자. 계속 실수를 하고 틀린다는 것은 아이의 실력이 그 정도라는 것이다. 단순하고 간단한 이야기이다.

아이가 몇 년을 누구와 어떤 방식으로 얼마나 공부했는지는 각기 다르지만 실력은 확인을 해야 한다. 그래야 다음 단계로 넘어갈 수 있다. 아이가 성장하고 영어 실력도 늘어나는 만큼 그에 맞는 피드백과 학습량이나 방향의 조절이 필요하다. 운동을 할 때도 지구력을 높일지, 민첩성을 높일지, 체력을 늘릴지에 따라 여러 방향으로 계획을 짜서 훈련한다. 무작정 죽어라 열심히 뛴다고 되지 않는다. 전략적으로 계획을 짜고 그에 맞게 실행해온 선수와는 분명 효율적인 측면에서 차이가 있을 것이다. 그러니 코치가 중요하고 감독이 바뀌면 그 팀의 성적이 달라지는 것이 아니겠는가.

시작점을 정확히 확인하라

아이의 실력이 어떠한지 확인해 보았는데 공부한 기간에 비해 실망스러울 수도 있다. 하지만 당장 눈에 보이지 않더라도 수업을 진행하면서 진가를 드러내는 아이들도 있다. 시작은 기초반으로 했는데 영어 개념을 받아들이는 것도 빠르고 문장 독해 수준도 좋은 친구가 있었다. 분명 다른 학원이나 학습을 한 것이 없다고 했는데 엄마에게 다시 한번 물어보니 집에서 계속 영어 동화책을 읽어 주었다고 했다. 아마도 아이는 그 시간 동안 영어에 대한 친숙도나 독해력이 키워졌을 것이다. 지금 아이의 실력이 예상보다 형편없다고 실망할 필요 없다. 우리가 바라보아야 할 곳은 시작점이 아니다. 목표를 향해 정확히 가면 되는 것이다.

지금 내 아이가 정확하게 어떤 실력인지 아는 것이 중요하다. 목표를 너무 높게 잡아서 아이가 따라가기 벅차다면 학업 성취율은 떨어진다. 그럼 아이의 자존감도 함께 낮아진다. 시작 수준이 너무 높았다는 생각은 하지 못한 채 영어가 점점 더 어렵게만 느껴지기 때문이다. 아이가 저학년이라면 영어가 쉽다는 인식을 갖게 하는 것이 낫다. '별거 아니네', '해 봤더니 금방 되네' 같은 첫 인상을 갖는 것이 더 좋다. 알긴 아는데 문제로 풀어서 틀린다면 잘 모르는 것이다. 어쩌면 잘못 알고 있는 경우도 있을 수 있다. 아이의 실력은 영어 학원을 몇 년 다녔고 학습지를 몇 년 했으며 책을 몇 권 읽은 것으로 확인할 수 있는 것이 아니다. 기간에 비례해 영어 실력이 좋은 것은 아니기 때문이다.

아이들의 머릿속이 책장이라고 해 보자. 여기저기 막 책이 꽂혀 있긴 한데 순서도 뒤죽박죽이고 제목만 쓰여 있고 내용은 비어 있는 경우도 있다. 제목은 들어봤는데 무슨 내용인지 모르는 것들이다. 그리고 문제를 풀어나가거나 지문을 읽고 해석해야 할 때 어떤 지식을 꺼내서 적용해 봐야 하는지 모르는 경우도 있다. 이렇게 토막토막 끊어진 지식은 힘을 가지지 못한다. 주로 본인 실력에 정확히 맞추어 시작하지 못한 경우 이런 경향을 보인다. 머릿속 책장이 순서대로 제대로 정리되지 못한 것이다. 이런 경우도 아이의 실력을 정확하게 알기 어렵다.

그럴 때는 아이의 학년 수준에서 가장 기초적인 부분부터 빠르게 훑어 나가면서 머릿속을 정리해 주는 것이 좋다. 아이는 그런 시간을 통해 자신의 실력도 재점검하고 아는 것과 모르는 것을 구분해낼 수 있게 된다.

이런 과정들이 이미 공부했던 것들의 답습 시간처럼 느껴질 수도 있다. 다른 친구들은 새로운 과정을 나가고 선행을 하는데 우리 아이만 지지부진하게 머무르고 있는 것 같아 보일 수도 있다. 하지만 무작정 아무 신발이나 손에 잡히는 대로 잡아 신고 뛰는 아이들은 발에 딱 맞는 신발을 제대로 신고 출발점을 확인하고 뛰기 시작하는 아이들을 이기기 어려울 것이다. 시작점을 정확히 확인하고 인정하고 시작하자. 부족한 부분은 부족한 대로 인정하고 받아들여야 더 나아갈 수 있는 기회가 생긴다.

· 02 ·

쉬운 문장을
듣고, 읽고, 쓰게 하라

많이 들으면
정말 귀가 뚫릴까?

한때 무조건 많이 들으면 갑자기 거짓말처럼 귀가 뚫린다는 말이 있었다. 나는 내 귀를 의심했다. 이게 정말인가. 내 귀는 막혀 있었단 말인가. 나는 영어 귀머거리였단 말인가. 그 이유가 정말 충분히 듣지 않아서란 말인가. 이게 사실이라면 정말 놀라운 일이다. 그렇게 애를 써서 공부를 할 필요가 없단 말이다. 그냥 듣기만 계속하면 된다니. 하지만 잘 생각해 보자. 이게 사실이라면 미국에 이민 간 한국 사람들은 모두 영어에 능통해야 한다. 아무리 안 들으려고 해도 생활이 모두 영어로 이루어질 텐데 왜 그들은 아직까지 귀가 트이고 영어를 하지 못한단 말인가?

무조건 많이 들으면 귀가 뚫린다고 가정해 봐도 그게 영어를 잘하는 것일까? 들리긴 다 들리는데 그게 무슨 말인지 하나도 모르겠다면 무슨 소용이 있을까? 아이에게 정치, 경제 관련 논문을 몇 줄 읽어 주었을 때 아이는 그것을 듣긴 할 것이다. 초등학생이라면 맞춤법은 조금 틀릴지라도 받아 적을 수도 있다. 하지만 그게 어떤 내용인지 이해할 수 있을까? 소위 귀가 뚫린다 한들 무슨 소용인가 말이다.

영어가 잘 들리지 않는 이유를 나는 정확하게 알 수 없다. 하지만 영어가 잘 들리게 하는 방법은 안다. 적어도 내 경우는 무조건 듣는다고 들리진 않았다. 어쩌면 난 정말 귀가 막혔는지도 모르겠다. 하지만 귀가 막혔다고 하기엔 어떤 것은 잘 들렸다. 별것 아닌 쉬운 문장이었다. 그리고 내가 아는 문장이었다. 아무리 어려운 발음을 하고 억양이 독특해도 내가 아는 단어로 이루어진 문장은 들렸다. 그리고 당연히 아는 단어로 이루어진 문장이니 들으면서 무슨 뜻인지 파악이 되었다.

나는 이게 진정한 듣기라고 생각한다. 그저 단순하게 영어를 듣고 그게 무슨 소린지 따라 할 수 있는 정도가 되었다고 해서 영어를 잘하게 된다고 생각하지 않는다. 내가 원숭이 소리를 기가 막히게 똑같이 따라 할 수 있다고 해서 원숭이랑 대화할 수 있는 것은 아니지 않은가. 나는 정말 아무런 지침 없이 죽어라 듣다 보면 귀가 뚫린다는 식의 방법은 권하지 않는다.

아이들의 영어 듣기 실력을 높여 주기 위해 영어에 익숙하게 해 주고 싶다면 쉬운 문장부터 들려주자. 가능한 한 아이가 따라 할 수 있을 만큼의 속도로 말이다. 물론 그 문장 안에 들어가 있는 단어들을 아이가 미리 숙지하고 있다면 더 좋다. 혹은 들으면서 그게 무슨 뜻인지 말해 줘도 좋다.

아이가 뜻도 알고 문장도 잘 듣고 따라 할 수 있다면 이제 그 쉬운 문장을 써보자. 혹시 아이가 알파벳을 인지하지 못한 상황이라면 쓰기는 하지 않아도 좋다. 하지만 아이가 알파벳을 다 인지하고 쓸 수 있다면 쉽고 짧은 문장을 듣고 읽고 쓰게 하면 된다. 이것만 꾸준하게 계속 해도 엄마가 놀랄 만큼 아이의 영어 실력이 늘어난다.

가끔 아이가 잘 따라와 주는 것 같아서 갑자기 수준을 조금씩 올리는 경우가 있다. 나는 그러지 말라고 권한다. 물론 아이는 따라 할 수 있을 것이다. 쓰라고 하면 쓰기도 하고 읽을 수도 있다. 하지만 어려운 문장 한두 개보다 쉬운 문장 10개를 제대로 듣고 읽고 쓰며 외우는 것이 더 좋다. 여기에 말하기까지 가능하다면 정말 훌륭하다. 아이가 이렇게 듣고 읽고 쓰는 문장을 적절한 상황에 말할 수까지 있으면 더 이상 좋을 수가 없다. 완전히 아이의 언어가 된 것이다. 언어를 배우는 목적인 의사소통이 가능하게 되는 것이다. 이렇게 쉬운 문장부터 차근차근 쌓아 가면 걱정할 일이 없다.

'꾸준히'의 힘

전에 우리 학생 엄마가 학원을 한 달 쉬어야 하는데 그 사이 영어 공부는 어떻게 하는 것이 좋을지 물어 보러 온 적이 있다. 나는 아이가 아직 저학년이라 시험의 압박이 있는 것도 아니니 이 방법으로 아이와 공부하라고 했다. 아이가 보고 듣고 읽고 쓸 수 있을 만한 쉬운 애니메이션 몇 개를 추천하고 스크립트를 함께 주었다. 가능하다면 여기 나와 있는 쉬운 대사를 듣고 읽고 쓰게 해 주면 된다고 했다. 물론 아이가 쉬운 문장을 말하기까지 연습할 수 있다면 이번 방학은 아이에게 정말 크나큰 선물이 될 것이라고도 했다.

한 달 후 아이가 학원에 돌아왔다. 결과는 대성공이었다. 엄마는 아이와 함께 매일 꾸준히 쉬운 문장을 일정 시간 동안 듣고 읽고 썼다고 했다. 짧은 시간이지만 매일 아침 빼먹지 않고 했으며, 하루 일과 중에도 중간 중간 엄마랑 주거니 받거니 계속 확인하다 보니 저절로 복습을 하게 된 것이다.

아이가 가지고 온 스크립트에는 공부한 흔적이 가득했다. 다시 한 번 아이에게 물어보니 거의 다 기억하고 있었다. 어떤 문장은 그 문장을 외운 날 어디 가서 무엇을 했는지까지 다 생각이 난다고 할 정도였다. 아마 공부의 양이나 난이도가 쉬워서 효과가 더 좋았을 것이라 생각된다. 어렵게 공부한다는 느낌이 아니기에 부담 없이 매일 할 수 있었고 계속 엄마와 이야기하고 말해 보면서 익혀 나갈 수 있었을 것

ABC

이다.

아이의 실력도 실력이지만 무엇보다 자신감이 오른 모습이 보기 좋았다. 아이에게 영어는 이제 더 이상 아무리 들어도 안 들리는 언어가 아니었다. 영어가 들리고 무슨 뜻인지도 알고 말로 할 수도 있게 된 것이다. 영어가 재미있을 수밖에 없다. 아이들은 나이가 어릴수록 자신이 잘하는 것을 가장 좋아한다.

엄마도 이번 경험이 너무 좋았다면서 앞으로도 집에서 계속 이런 방식으로 영어를 해나가고 싶다고 말했다. 아침마다 짧고 쉬운 문장으로 계속 공부하겠다며 의욕이 넘쳤다. 하지만 역시 현실은 바쁘고 만만하지 않다. 아이가 학교에 다니면서부터는 아침에 일어나는 것을 힘들어하기도 했고 등교 준비로 시간이 부족했기 때문에 그때처럼 마음의 여유를 가지고 매일 하게 되진 않는다고 했다. 그래도 일주일에 두세 번은 꾸준히 했고, 당연히 아이의 실력은 차곡차곡 쌓여 나갔다.

처음부터 영어에 익숙하게 해 주겠다고 의미 없이 어려운 영어를 아이에게 계속 들려주진 않았으면 좋겠다. 적어도 아이가 듣고 60~70퍼센트 정도는 무슨 뜻인지 이해할 수 있는 문장을 들려주었으면 한다. 그래야 아이도 일단 큰 노력 없이 들리고 이해가 되니 말 그대로 들을 맛이 난다. 애니메이션도 좋고 간단한 영어 동화책도 좋다. 요새는 음원 파일도 함께 들어 있는 경우가 많아 그리 어렵지 않게 구할 수 있다. 가능한 한 몇 번이고 반복해서 듣고 읽고 쓰게 하자.

아이가 말하기를 꺼려한다면 엄마가 먼저 계속 영어로 말을 걸고 시도해 보고 칭찬해 주자. 사실 학원에서는 아이들과 말하기 수업을 매일 꾸준히 진행하기가 쉽지 않다. 엄마와 쉬운 패턴의 영어를 무한 반복하며 외우는 것이 좋다. 굳이 대화로 진행할 필요는 없다. 아이가 주고받으며 말하기를 어려워한다면 엄마가 한 말을 그대로 따라 하게 해도 좋다. 시간을 이기는 재능은 없다. 쉽게 시작해도 꾸준히만 할 수 있다면 결과는 '이렇게 좋아도 되나' 싶을 만큼 좋을 것이다.

03

그림책부터
시작하라

아이가 직접
책을 고르게 하자

"선생님. 우리 아이는 책을 읽지 않아요. 책으로 놀아도 줘 보고 책이 눈에 자주 보이는 환경이 되어야 한다고 해서 여기저기에 놔 보기도 했는데 아이가 책에 전혀 관심이 없어요."

엄마는 속상한 마음이 가득했다. 유명한 브랜드의 전집도 구입하고 독서 프로그램도 하는 등 책에 투자를 많이 했다. 사실 이렇게 투자를 하고 나면 한동안 아이에게 강요 아닌 강요를 하게 된다. 처음에는 언젠가는 아이가 꺼내 읽겠지 하고 기다리지만 그 언젠가가 끝도 없이 안 오기도 한다. 왜 그럴까? 일단 책이 재미가 없다. 아이들은 대체적으로 책을 좋아하지 않는다. 텔레비전이 더 재미있고 인형 놀이가 더 재미있고 블록 만들기가 더 재미있다. 혼자 놀아도 그런데 친구라도 있다면 책을 거들떠나 보겠는가?

우현이는 에너지가 넘치는 아이다. 하루 종일 뛰어 놀아도 지치지도 않는지 밤까지 놀려고 해서 어릴 때부터 운동을 많이 시켰다고 한다. 축구에 태권도에 수영까지 우현이는 운동도 꽤 잘하는 편이다. 문제는 책을 전혀 읽지 않는 것이었다. 우현 엄마는 아이가 학년이 올라가도 책을 읽지 않아 학교 교과서도 이해하기 어려워하는 것 같다고 했다. 단어의 뜻도 잘 모르는 것 같아 부랴부랴 아이에게 도움이 되는 책을 구입한 것이라고 했다. 그 전에도 집에 책이 없었던 것은 아니지만 따로 시간을 내서 꾸준히 읽어 주거나 하진 않았단다. 어떤 책인지 물어보니 초등학교 3학년 선행 도서라며 보여 주었는데 아이가 읽고 이해할 수 있을까 싶을 만큼 내용이 어려워 보였다. 제목만 봐도 정치에 민주주의, 종교 등등 초등학생이 볼 만한 책은 아니었다.

나는 우현 엄마에게 그림책부터 다시 돌아가기를 권유했다. 우현 엄마는 그래도 아이가 초등학교 3학년에 올라가는데 아무리 어렵더라도 책을 읽어 버릇해야 하는 것은 아닌지 걱정했다. 오래지 않아 우현 엄마는 어떤 그림책을 읽어야 할지 물었다. 나는 가능하면 주말에라도 아이와 함께 도서관에 가서 아이가 직접 고르는 것이 좋다고 했다. 안 그래도 재미없는 책인데 그나마 자신이 좋아할 만한 것을 보는 것이 좋지 않겠는가.

쉬운 것부터 하자

이러한 내용이 영어책 읽기에도 적용된다. 아이가 저학년이 아니라면 엄마들은 그림책으로 읽기를 시작하는 것을 좋아하지 않는다. 쉬운 것을 할 나이는 아니라는 것이다. 안 그래도 책은 재미없는데 읽기 어렵기까지 하다면 아이가 과연 영어 책을 제대로 읽을 수 있겠는가?

한 페이지에 모르는 영어 단어가 5개 이상 나오면 안 된다. 그럼 가독성이 떨어져서 책을 읽는 재미를 느끼지 못하기 때문이다. 즉 읽으면서 무슨 내용인지 바로 이해가 안 되는 것이다. 그러니 쉬운 그림책부터 시작하자.

아무런 어려움 없이 읽고 그림을 보면서 무슨 내용인지 바로 알 수 있게 읽어낼 수 있어야 한다. 이게 돼야 아이와 영어책 읽기로 들어갈 수 있다. 여기서 아주 조금씩 늘려 나가는 것이다. 생각보다 더 긴 시간을 가지고 그림책 읽기를 해 줘야 한다. 쉬운 문장을 오랫동안 읽으며 그림책의 재미를 알아가야 한다. 그래야 그림이 없는 책으로의 전환도 수월하게 이루어진다.

아이와 영어 그림책 읽는 재미는 꽤 쏠쏠하다. 요즘은 팝업북도 다양하게 나오고 그림 자체가 예쁜 책도 많다. 아이와 책을 고르는 재미도 좋다. 이런 과정을 오랫동안 거쳐야 아이가 책의 재미를 알게 된다. 좋아하는 작가도 생기고 좋아하는 장르도 생긴다. 이런 과정을 반복하다 보면 쌓이는 것은 비단 영어 실력뿐만이 아니다. 아이가 갖고 있던 영어 책에 대한 두려움도 사라진다. 영어책 표지를 넘기는 것이 그리 어렵지 않게 되는 것이다. 아이에게 자신감이 생기기 시작한다.

놀고 배우며
어려움 없이

우정이가 영어 책에 빠지게 된 시작은 영어 만화책이었다고 한다. 영어 만화책은 우리나라 만화처럼 그림체가 예쁘거나 글씨를 읽기 편하지 않다. 그런데 그런 영어 만화책을 우정이는 어릴 때부터 자주 보았다고 한다. 처음에는 그림만 보다가 나중에 단어를 알게 되면서 조금씩 계속 보다 보니 나중에는 문장을 다 외우는 수준이 되었다고 한다. 만화를 좋아하던 엄마가 모은 책인데 이제는 우정이가 더 열심히 본다. 그 이후에 우정이는 자연스럽게 그림책으로 넘어갔고 그렇게 영어 원서 읽기까지 연계된 아주 좋은 케이스다.

이렇듯 성공적인 케이스의 시작은 공통점이 있다. 쉽게 시작했다는 것이다. 아이가 먼저 책을 집든, 엄마가 책을 읽어 주든 짧고 쉽고 간단하게 시작했기에 그다음 단계로 갈 수 있다. 만약 아이가 너무 어려워하고 재미없어한다면 계속해 나가기 정말 어렵다. 읽고 공부하는 내용이 어렵다기보다 아이와 함께 앉아 책을 펼치기까지가 힘든 것이다. 아이가 집중하지 못하고 딴짓을 하거나 재미없다고 투덜거리기라도 하면 어떻게 매번 할 수 있겠는가.

영어 원서의 한글 번역본을 읽어 주는 것도 좋다. 어느 정도 내용을 파악하고 나서 영어 원서로 읽어 주면 아이는 아는 내용이라 관심을 보인다. 배경지식이 있으니 모르는 단어가 많아도 이해하는 데 아무런 어려움이 없다. 한글 책을 읽었다가 영어 책을 다시 읽어 주기를 몇 번 시간을 두고 반복하면 더 좋다.

가끔 엄마표 영어로 가르치는 엄마들 중 독서력 지수인 AR(Accelerated Reader) 지수나 Lexile 지수 같은 것에 필요 이상으로 많은 신경을 쓰는 경우가 있다. 아이들의 책 읽기 레벨을 올리는 것을 달성 과제로 생각하는 것이다. 쉬운 책으로 천천히 많이 읽히는 것이 좋다. 그래야 아이들이 그림책 안에서 많은 어휘와 상황을 만나게 된다. 이게 영어의 기본 바탕이 되어서 단단하게 다져진다고 생각하면 좋겠다. 그리고 쉽게 시작해야지 아이 안에서 나는 잘하고 잘할 수 있다는 자존감도 단단하게 자리 잡게 된다. 놀고 배우며 어려움 없이 만나는 책과의 좋은 경험이 앞으로 영어를 공부하게 되는 긴 시간에서 굳건한 버팀목이 되어 줄 것이다.

04

아이의
영어 근육을 키워라

영어는
근육과 같다

　TV 프로그램에서 예쁜 몸매의 여자가 나와 반짝이는 피부를 뽐내면서 한 그릇 가득 양배추를 먹고 있었다. 아삭아삭 소리가 귀에 들리는 듯 했다. 나는 멍하니 넋을 놓은 채 알 수 없는 이유로 빠져들고 있었다. 아삭아삭. 아삭아삭. 성우의 목소리가 들렸다.

　"38세의 이○○씨는 틈만 나면 양배추를 먹습니다. 한때 불규칙한 식습관으로 살도 많이 찌고 피부도 안 좋아졌었는데요. 이렇게 양배추를 먹기 시작하면서 몰라보게 달라졌다고 합니다."

　이○○씨는 양배추를 먹고 나서 얼마나 극적인 변화가 있었는지

입에 침이 마르도록 예찬을 펼쳤다. 난 뭘 하고 살았단 말인가. 양배추를 먹어야 한다. 그동안 양배추를 등한시한 내가 그렇게 미울 수가 없었다.

"양배추를 먹어야겠어. 양배추를 먹으면 살도 그렇게 많이 빠지고 피부도 좋아진대. 세상에 이런 좋은 방법이 있었다는 걸 나만 몰랐어. 세상사람 다 아는데 나만 몰랐다고."

내 호들갑을 한참 보던 오빠가 말했다.

"왜 자꾸 뭘 먹으면서 살을 뺄 생각을 해? 뭘 안 먹어야 빠지지 않겠어? 규칙적인 식사와 적당한 운동! 도대체 몇 번을 말해? 영화 100편 보면 영어 마스터 되냐? 책 100권 읽으면 영어 천재 돼?"

"아니. 꾸준히 전 영역 골고루 공부해야 되지. 내 성향에 맞는 방법을 찾아서. 영어에 왕도가 어디 있어."

"거봐. 꾸준히 골고루 먹고 운동해야지. 내 체질에 맞추어서. 다이어트에 왕도가 어디 있어."

우리는 모두 이 불변의 진리를 알고 있다. 왕도는 없다. 하지만 매해 TV에서는 새롭게 발견된 기적의 다이어트 제품이 광고된다. 이 제품으로 몰라보게 날씬해진 사람들이 나와 이렇게 쉬운 방법이 없었다면서 어서 빨리 사라고 한다.

서점에도 매해 어김없이 10일 만에, 6개월 만에 영어를 마스터할 수 있다는 책이 베스트셀러가 된다. 책장에 기적의 영어 공부법 책하나 안 꽂혀 있는 사람은 없을 것이다.

영어는 우리 몸의 근육과 같다. 근육을 쓸수록 튼튼해지고 강해지는 것처럼 영어도 사용할수록 실력이 강해진다. 안 쓰면 퇴화되고 말랑말랑해지는 근육처럼 영어 또한 쓰지 않으면 금방 잊어버린다. 너무나도 똑같지 않은가? 머릿속에 영어 근육을 키워야 한다.

근육 운동을 처음 할 때는 근육통이 생긴다. 근육이 제대로 붙고 있는 것인지도 알 수 없다. 하지만 운동을 꾸준히 계속할수록 지방 속에 감추어졌던 근육들이 서서히 자태를 드러내게 된다.

영어도 처음 공부할 때는 힘든 부분들이 있다. 어휘며 듣기, 독해, 말하기까지 해야 하다 보니 실력이 늘어나는지 알 수가 없다. 하지만 꾸준히 해나갈수록 서서히 실력이 늘어난다.

영어 선수 만들기

그렇다면 아이의 영어 근육을 어떻게 키우고 어떻게 단단하게 만들어서 영어 선수를 만들 것인가? 모든 운동선수의 기본은 기초 체력이다. 체력이 약하면 어떤 운동도 할 수 없다. 예전에 강철 나비라 불리는 발레리나 강수진 씨의 발 사진을 본 적이 있다. 무대 위 아름다운 모습 뒤에 얼마나 고된 훈련의 시간이 있었는지를 나타내는 발이었다.

생각보다 아이들은 영어 공부를 많이 하지 않는다. 눈에 보이는 영어 실력이 왜 늘지 않는지, 왜 이번에도 시험점수가 그대로인지 속상해하기만 한다. 다른 아이들의 시험 점수가 잘 나온 것을 부러워는 하지만 그 친구가 얼마나 노력하고 공부했는지는 잘 모른다.

공부를 잘하는 고등부 아이의 오답 노트를 빌려 달라고 한 적이 있다. 생각만큼 시험에서 실력 발휘가 안 된다며 속상해하는 아이들에게 보여 주고 싶어서였다.

"어때? 너희들이 생각했던 것보다 더 많이 노력한 것 같지 않아? 이 정도 공부하는데 점수가 안 나오면 속상하겠지만 이 정도 안 하면 이 점수 안 나오는 거야."

아이들은 많이 놀랐다. 이렇게까지 많이 해야 한다는 것을 몰랐던 모양이다. 가끔 예체능을 좋아해서라기보다 단순히 공부가 하기 싫어서 예체능을 하겠다는 아이들에게 나는 강수진 씨 이야기를 자주 해 준다.

"하루 19시간을 연습하셨다고 하더라. 물론 세계 최고가 되긴 하셨지만 나는 그렇게는 못하겠어. 너희들이 한번 해 봐. 우리 여기서 청출어람을 실현해 보자. '우리 선생님은 못한다고 하셨지만 저희는 해냈습니다!' 이런 거 멋지게 한번 해 주라. 나 너희들을 가르친 보람에 벌써부터 눈물이 날 것 같아."

이렇게 너스레를 떨면 아이들은 그냥 공부하겠다고 한다. 화려한 모습 뒤에는 피나는 노력의 시간이 필요하다. 아이들은 그 시간을 쉽게 상상하지 못한다. 그렇게 해 본 적이 없기 때문이다.

기초가 있어야
실전에서 승리한다

한일 축구 경기가 열리는 날이었다. 남편과 나는 TV 앞에 앉아 치킨을 먹으면서 눈에 불을 켜고 시청하는 중이었다.

"아니야! 아니라고! 공을 봐, 공을! 저기가 비었잖아! 뛰어! 뛰라고!"

남편은 몹시 흥분한 채 입으로 축구를 하기 시작했다. 축구장에서 뛰고 있는 선수들을 합친 것보다 남편 입이 제일 바쁘다. 치킨도 먹어야 하고 TV 속 선수들에게 고래고래 소리치며 코칭도 해야 한다. 벌써 입으로는 골을 10개도 더 넣었다. 사실 나는 축구를 보는 것보다 축구를 보는 남편을 보는 것이 훨씬 재미있다. 누가 보면 전직 국가대표 축구 선수 같겠지만 남편이 입이 아닌 몸으로 축구를 하는 것을 나는 단 한 번도 본 적이 없다.

내가 직접 뛰지는 못하지만 코칭은 할 수 있을 것 같은 함정이 바로 여기에 있다. '축구를 못하는 내 눈에도 보이는데 저 선수들은 왜 이걸 못하는 거야?' 바로 이래서 코치는 전직 선수들이 해야 하는 것이다. 안 해 봤으면 모른다. 쉬워 보이지만 그렇지 않다.

그동안 부모교육 강연이나 영어 교육 관련 강연을 하고 난 후 이어지는 질문에 다 대답해 줄 수 없음에 답답함을 느낀 적이 많았다. 정해진 시간이 있으니 그럴 수밖에 없었다. 도움을 많이 받았다는 인사를 받고 책을 써 보라는 권유를 받을 때마다 이번에는 꼭 써 봐야겠다고 마음먹고 시작을 해도 꾸준히 써나가기가 쉽지 않았다. 나에게 영어 근육은 있었지만 책 쓰는 근육은 하나도 없었던 것이다. 그러니 어느 부분을 어떻게 강화시켜야 할지에 대한 방법을 몰랐다. 꾸준히 쓰면 된다고 하지만 얼마나 실현하기 어려운 말인가. 그것은 꼭 "영어는 매일 일정한 시간 열심히 공부하시면 돼요."와 같은 막연한 말처럼 들렸다.

내가 한책협의 김태광 대표 코치에게 코칭을 받으며 느낀 점이 있다면 개인에 대한 파악이 정말 중요하다는 것이었다. 시중에 책 쓰기에 관한 책은 많다. 김태광 대표 코치도 그러한 책을 많이 썼다. 그렇다면 그의 직접적인 코칭 없이도 책을 읽어 보는 것만으로도 충분하지 않을까? 혹은 책을 한두 권만 낸 사람들도 누구나 책 쓰기 수업을 하고 코칭을 할 수 있는 것이 아닐까? 여기에는 큰 함정이 있다. 바로 오랜 시간 책 쓰는 수업을 통해 알고 있는 경험치, 즉 노하우와 개인에 대한 파악이 빠져 있는 것이다.

영어책 몇 권 있다고 아이들을 가르칠 수 있을까? 그만큼 경험치가 쌓이지 않는다면 아이들이 이런저런 상황에서 맞닥뜨리게 되는 어려움을 어떻게 해결하라고 이끌어 줄 수 있을까? 아이들의 현 상황과 영어 실력에 맞추어 부족한 부분을 공부하도록 이끌어 줄 수는 없을 것이다.

티칭이 '무엇을 어디까지 가르칠까'가 포인트라면 코칭은 '누구를 어떻게 가르칠까'에 더 가깝다. 아이들을 코칭한다는 것은 아이들 개

개인에 대한 이해가 먼저 이루어져야 한다는 것을 뜻한다. 아이의 장단점과 성향, 실력, 역량 파악이 중요하다.

영어 근육을 키운다는 것은 아이가 스스로 힘든 과정을 겪어 가면서 키워 나가야 하는 부분이다. 무거운 아령을 들고 근육통을 견디며 마지막 하나를 더 들어야 근육이 생기는 것처럼 영어 근육도 그렇다. 아이가 스스로 힘든 시간을 버티면서 부족한 부분을 보완해 가는 과정을 견뎌야 한다. 실전에서의 경험이 없다면 적절한 타이밍에 피드백을 줄 수 없다.

근육을 키우는 여러 가지 방법이 있다. 무거운 것을 들기도 하고 가벼운 것을 여러 번 들기도 한다. 트레이너나 코치가 각각의 선수들에게 필요한 부분을 파악하고 코치해 주면 된다. 그다음은 선수들의 몫이다. 선수들은 스스로 충분한 연습시간을 통해 부족한 부분을 보완해 나간다.

아이의 영어 근육을 키워 주고 싶다면 010.2436.1179로 연락해 보자. 아이의 현재 실력을 파악하고 부족한 부분을 지도해 주면서 스스로 해낼 수 있도록 돕겠다. 이러한 시간들을 통해 기초가 쌓여 영어 근육이 단단해진다면 아이는 실전에서도 자신의 역량을 최대한 발휘할 수 있을 것이다.

05

지금 당장
유튜브를 구독하라

혼자 유튜브로
공부하기 어려운 이유

스마트폰을 꺼내 유튜브를 열어 보자. 기본으로 추천되어 있는 영상들이 지금 당신이 어떤 사람인지를 나타내 준다. 요즘 관심 있게 본 것들이나 내가 구독하는 채널과 비슷한 종류의 추천 영상들이 주르륵 나온다. 혹시 그중에 영어 학습 채널도 있는가?

유튜브에는 전 세계적으로 둘째가라면 서러워할 영어 선생님들이 모여 있다. 당신의 영어 실력을 높여 주기 위해, 우리 아이들의 영어 실력을 높여 주기 위해 눈에 불을 켜고 기다리고 있다.

나도 유튜브에서 구독하는 영어 공부 채널이 여러 개다. 우리나라 강사들도 있고 미국인 강사들도 있다. 언제든지 내가 원할 때 수업을 듣고 이해가 안 되면 몇 번이고 반복해서 볼 수 있다. 물론 유튜브 강의는 일방통행이다. 댓글을 달 수 있긴 하지만 소통이 쉽지는 않다. 하지만 걱정하지 말길 바란다. 대부분의 경우 강사의 개인 블로그나 소통을 위한 SNS 계정이 안내되어 있다.

나는 유튜브를 보면서 몇 번이고 놀란다. 공부할 수 있는 것들이 셀 수 없이 많기 때문이다. 일일이 다 살펴볼 수조차 없다. 수업의 내용이나 수준 또한 대단하다. 마음만 먹으면 얼마든지 혼자서도 학습이 가능하다. 그런데 왜 아이들 혼자서는 학습이 이루어지지 못할까?

첫째, 시험을 통한 학생의 개인적인 실력 파악과 피드백이 안 된다. 동영상으로 강의를 들어도 잘 이해했는지 아닌지 파악할 수 없는 것이다. 사실 강의만 듣고 있으면 다 알 것 같다. 하지만 정확하게 말하자면 강사가 얼마나 영어를 잘 알고 있는지를 확인한 것에 지나지 않는다. 강의를 그냥 듣고 본다고 해서 절대 내 실력이 되지 않는 것이다. 내가 이해하고 문제를 풀어 봐야만 내 것이 된다. 분명 들을 때는 다 알 것 같았는데 문제를 풀면 죄다 틀리는 경우가 바로 이런 경우다.

둘째, 시간 낭비가 될 수 있다. 다 아는 내용인데 중간에 어떤 한 부분만 잘 모른다고 할지라도 그 동영상을 처음부터 다 봐야 한다.

내가 모르는 부분에 대해서만 보충 설명을 들을 수 없다. 시간적인 면에서 그렇게 효율적이라고 말할 수 없다.

셋째, 집중력이 떨어지고 지속적으로 해나가기가 어렵다. 온전히 의지로만 공부하는 것은 아직 아이들에게는 힘든 방법일 수 있다. 아이들은 공부의 양을 스스로 정하기도 어렵고 학습 동기 부여를 혼자서 하기에는 무리가 있다. 일방통행인 강의를 계속 수동적으로 듣기만 해야 하다 보니 강의 시간 내내 흩어지는 집중력을 잡아 주기가 힘들다. 동영상은 혼자 돌아가고 아이가 딴짓을 하고 있을 수도 있는 것이다. 열심히 집중해서 듣지도 않았지만 책상머리에 앉아서 시간을 보냈기 때문에 아이들은 스스로 공부했다고 착각한다.

넷째, 중간 중간 나오는 무료 광고의 유혹을 견디기 힘들다. 유튜브는 광고마저도 내가 관심 있어 하는 것들이 나온다. 내가 찾아본 채널과 연결된 광고들이 나오다 보니 넋 놓고 보게 된다. 그러다 아무 생각 없이 눌러서 확인하게 되고 그렇게 딴짓을 하다가 시간이 훌쩍 가는 경우가 있다.

분명 유튜브 구독하라고 떵떵거리면서 제목에 써놓을 땐 언제고 이제 와서 단점만 주르륵 열거해 놓았다. 뭐하는 것인가 싶겠지만 이제 적을 알고 나를 알았으니 백전백승하는 일만 남았다.

유튜브 학습의 문제점
보완하기

첫 번째 문제의 해결법은 아이가 엄마표로 공부하고 있는 경우 엄마가 직접 아이의 실력을 파악하고 그에 맞는 문제집을 준비해서 시험을 보면 된다. 유튜브 강의에서 해 주지 못한 부분을 엄마가 보완해 주는 것이다. 아이가 이해하지 못한 부분을 엄마가 설명해 줘도 좋고, 아니면 다른 강의를 찾아 보여 줘도 좋다.

만약 아이가 학원을 다니고 있다면 학원 선생님께 이런 부분에 대한 것을 말씀드리면 된다. 아이가 부족한 부분을 스스로 동영상을 찾아보고 보충해 올 테니 점검해 달라고 하면 분명 학원 선생님은 감동의 만세를 부를 것이다. 아이 스스로 공부하겠다는데 도와주지 않을 선생님이 어디 있겠는가? 만약 이 부분이 이루어지지 않는다면 나는 과감히 다른 학원을 알아보라 말하고 싶다.

두 번째 문제의 해결법은 엄마가 영상을 먼저 보고 아이가 이해하지 못하는 부분만 찾아서 보여 주면 된다. 아니면 그 부분만 설명해 주거나 다른 강의를 찾아서 봐도 좋다. 아이가 사교육 기관에 다니고 있다면 이 부분 역시 선생님과 상의해서 충분히 해나갈 수 있다.

다시 한번 말하지만 아이가 스스로 공부하고 모르는 부분에 대한 설명을 해달라는데 좋아하지 않을 선생님은 없다. 적어도 내가 아는 선생님들 중에서는 단 한 분도 없다. 오히려 아이들에게 하나라도 더 가르쳐 주려고 애쓰는 경우가 대부분이다. 그러니 언제든지 이런 부분은 선생님과 상의해서 보완해 나가길 바란다.

세 번째와 네 번째 문제의 해결법은 아이의 수준과 나이에 따라서 접근하는 방식을 달리하는 것이다. 아이가 어릴 경우 엄마가 함께 봐야 한다. 나는 아이가 혼자 학습 동영상을 보고 공부하는 것에 대해서는 회의적인 입장이다. 아이가 집중하는지 아닌지 확인할 길이 없기 때문이다. 전적으로 아이의 판단과 생각을 충분히 상의해 보고 결정해야 할 부분이다.

아이가 학원을 다닌다면 선생님의 도움을 받을 수 있다. 아마 선생님도 아이의 성향을 파악하고 있을 테니 도움이 될지 안 될지를 판단하는 데 의견을 줄 것이다. 만약 도움이 된다고 결정이 나서 아이가 동영상을 보고 학습을 하게 된다면 초반에는 강의 시간을 확인해 보고 그 시간에 맞추어서 학습을 했는지 확인해 주면 좋다.

앞서 말한 이런 문제점들이 보완될 수 있다면 유튜브를 통해서 많은 부분 도움을 받을 수 있을 것이다. 다른 새로운 공부 방식으로 영어를 접하게 되면 아이들도 좋아하고 학습 효과도 좋기 때문이다. 성인의 경우는 유튜브만으로도 영어 공부를 할 수 있을 정도다. 가끔은 학습 이외에도 아이의 관심사나 취미에 관련된 영어 동영상을 찾아서 보여 줘도 좋다. 자신이 관심 있어 하는 부분이니 더 집중해서 볼 것이다. 그리고 이런 부분을 통해 영어의 필요성과 학습 동기를 발견할 수도 있다.

한 발 더 나아가서 아이가 스스로 영어 공부 유튜브를 찍어 보는 것도 좋다. 모든 공부의 완성은 남을 가르치는 데서 이루어진다고 생각한다. 완전히 내 것으로 소화하지 못한 것을 남에게 가르칠 순 없기 때문이다. 아마 아이는 유튜브를 찍기 위해 더 열심히 공부하게 될 수도 있다. 구독자 수가 늘어남에 따라 자존감도 올라가고 자신의 채널에 대한 책임감도 생길 것이다.

유튜브의 세계는 무궁무진하다. 우리 아이들에게서 유튜브와 스마트폰은 이제 떼려야 뗄 수 없는 것이 되었다. 그렇다면 오히려 아이들에게 올바른 스마트폰과 유튜브 사용법을 가르쳐 주는 것이 더 나은 해법이 될 수 있다.

06

구글로 영어의
무한바다에 빠져라

정보가
힘이자 무기다

우리나라에서 가장 많이 쓰이는 검색 엔진이 구글이라는 것을 알고 있는가? 구글은 나에게 시대의 변화를 정면으로 바라보고 받아들이게 했다. 구글은 전 세계 인구의 90퍼센트 이상이 사용하고 있다. 나는 문자 검색 세대이다. 나는 모르는 것을 검색 창에 문자를 입력해 찾는다. 하지만 우리 아이들은 영상 검색 세대이다. 아이들은 유튜브로 검색을 한다. 유튜브로 검색하는 것이 낯설게 느껴진다면 얼른 익숙해져야 한다. 시대의 변화에 발맞춰야 한다. 앞으로 우리 아이들이 살아가게 될 세상이기 때문이다.

구글이 학교 지원 플랫폼 사업을 시작했다. 구글은 클라우드 소프트웨어(SW) 서비스인 '지 스위트(G Suite)' 최고 버전을 학교에 무료로 제공하고 있다. 아이들은 학교에서 자연스럽게 구글을 접하고 활용한다. 무제한 드라이브 용량 덕에 대용량 멀티미디어를 보여 주는 것도 걱정이 없다. 구글이 우리나라 학교 시장을 완전히 장악할 것이라는 것에는 이견이 없을 지경이다.

국내 주요 대학들도 지 스위트를 활용한다. 대학으로서는 구글을 쓰는 것이 비용, 운영 측면에서 유리하기 때문이다. 아이들은 학창시절부터 성인인 대학생이 될 때까지 구글을 쓴다. 10년을 넘게 사용했으니 졸업한다고 해서 다른 검색엔진을 쓰게 되지는 않을 것이다. 우리는 구글 생태계로 들어간 것이다.

정보가 힘이고 무기가 되는 세상이다. 가장 최신의 가치 있는 정보는 구글과 유튜브에 영어로 되어 있다. 이 정보가 한글로 전환되어 우리에게 전해졌을 때는 이미 정보로서의 힘을 잃게 된 후일 것이다. 또한 코딩의 중요성도 나날이 중요해진다고 한다. 초등학교에서도 코딩수업을 의무화했다. 이 코딩조차 영어로 되어 있다. 영어가 되지 않는다면 늘 한 발짝 뒤에서 쫓아갈 수밖에 없다. 정보의 가치를 알아볼 수 있는 영어 능력이 있어야 하는 것이다.

우리가 구글의 영어 바다에 빠지지 않고 살아갈 수 있을까? 세계화 시대에서 불가능한 일로 보인다. 그렇다면 제대로 멋지게 헤엄쳐서 살아가야 한다. 영어 공부도 구글을 활용해 여러 가지 방법으로 할 수 있다. 사실 내가 소개하기엔 나조차 아직 구글을 제대로 활용하진 못한다. 아직도 배워야 할 것이 많고 적용해 보아야 할 것이 많다.

살아있는 영어에 익숙해져라

하루는 아이들이 시험을 보고 시험지를 제출한 후 내가 채점하고 있는 사이에 칠판에 낙서를 하기 시작했다.

"야, 이게 뭐냐? 이게 코끼리냐?"

"아, 똑바로 보라고! 이게 네 눈에는 코끼리로 보이냐? 이게 코가 기냐?"

유치하기 짝이 없는 대화를 하면서도 아이들은 좋다고 낄낄거리고 난리였다.

"너희들 그만 싸우고 들어가. 그리고 그렇게 서로 싸우지 말고 구글에 물어봐. 구글이 맞추면 잘 그린 거고 아니면 못 그린 거니까 둘다 결과에 승복해."

아이들은 순간 두 눈이 동그래져서 나를 쳐다보았다. 나는 패드를 켜고 구글에 들어가 아이들에게 새로운 세계를 보여 주었다. 구글이 키워드를 제시하면 그것을 화면에 그려야 한다. 무엇을 그린 것인지 인공지능이 맞힌다면 그림 능력자임을 인정한다고 했다. 물론 제한 시간 20초 안에 완성해야 하니 순발력까지 요한다. 아이들의 반응은 폭발적이었다. 성인인 내가 해도 너무 재미있다. 주어진 단어를 듣고 그것의 특징을 가장 효과적으로 표현해야 한다. 이 얼마나 창의적이고 멋진 놀이인가? 물론 그 영어 단어를 알아야 하겠지만 말이다.

수업시간에 구글을 활용하는 것에는 한계가 있다. 이런 활동들을 통해 아이들에게 영어의 재미도 느끼게 해주고 왜 영어를 해야 하는지 동기부여를 해줄 수는 있지만 나는 늘 갈증을 느꼈다. 아이들이 한번쯤 푹 빠져서 이리저리 헤엄치며 여기저기 들어가 보았으면 좋겠는데 아무래도 유해 사이트가 걱정되긴 하기 때문이다. 그럼에도 불구하고 왜 구글에서 둘러보길 원하느냐면 바로 다음과 같은 이유 때문이다.

나는 아이들이 구글의 영어 바다에서 시간을 보내면서 생각의 무대를 넓혔으면 좋겠다. 글로벌 시대이고 세계화 시대라는 것을, 영어의 세계에는 이렇게 많은 정보들이 넘쳐 난다는 것을 직접 느끼게 해주고 싶다. 처음에는 온통 영어로 된 화면이 어색하고 낯설고 불편하겠지만 아이들은 그런 세계에서 살아가야 한다. 글로벌 마인드를 한국의 작은 교실 안에서 구글을 통해 느껴 보게 해 주고 싶다.

처음에야 어색하고 불편할 것이다. 아마 무슨 뜻인지 모르는 단어도 많을 것이다. 하지만 시간이 된다면, 혹시 컴퓨터가 거실에 있어서 아이가 보는지 부모가 확인할 수 있다면 시간을 정해서 아이를 구글의 영어 바다에 빠트려 주었으면 좋겠다. 허우적거리고 어디로 가야 할지 모르겠지만 아이들은 부모의 생각보다 훨씬 빠르게 배워나갈 것이다. 모르는 영어 단어도 구글 사전으로 찾아보는 버릇을 들였으면 좋겠다. 그 안에서 새로운 예문도 보고, 예문이 쓰이는 사진도 찾아보다 보면 조금씩 살아있는 영어에 익숙해질 수 있을 것이다.

글로벌 마인드를 가져라

아이들이 구글의 영어 바다에서 안전하게 헤엄치며 즐길 수 있도록 안내해 주고 싶다면 엄마가 먼저 해 보자. 구글로 영어를 공부하는 방법이나 구글을 사용하는 정보들은 인터넷에 넘쳐난다. '구글링' 해 보면 된다. 나는 구글에 대해 알아가고 공부할수록 여러 가지 생각이 많아진다. 이렇게 구글이 전 세계의 정보를 독점해도 괜찮을까 싶기도 하다. 구글의 회사 모토는 'Don't Be Evil'이다. 악해지지 말자. 지금 상황에서는 구글의 모토를 믿는 방법 외에 다른 뾰족한 수가 없어 보인다.

아이들에게 글로벌 마인드를 심어 주기 위해서는 아이들을 글로벌 무대에 세우는 것이 가장 빠르다. 아이들의 마음과 생각의 무대를 세계화할 수 있는 방법은 언어를 영어로 장착시켜 주는 것이다. 나는 우리 아이들이 언어의 장벽을 넘어섰을 때 얼마나 큰 힘을 발휘할지 상상만 해도 가슴이 뛴다. K-POP이 전 세계를 휩쓰는 것을 보게 될 줄 상상이나 했었는가. 나는 아직도 외국인들이 프랑스의 루브르 박물관 앞에 떼로 모여 우리나라 아이돌 그룹의 노래와 춤을 따라 하는 장면을 잊을 수가 없다.

지금은 어떤가? BTS가 빌보드를 휩쓸고 있다. 얼마 전 강남 BTS 팝업 스토어 앞에 줄지어선 외국인들을 보면서 다시 한번 놀랐다. 그들은 대기표까지 발급받으면서 기다리고 있었다. BTS는 언어의 장벽을 뛰어넘어 세계로 진출해 새로운 역사를 쓰고 있다. 지금은 우리가 할리우드 영화에 열광하지만 언젠가는 K-MOVIE가 전 세계를 휩쓸 날도 오지 않을까? 어디 이런 문화뿐이겠는가. 우리 아이들이 영어에 자유로워지는 순간 전 세계가 긴장해야 할 것이라 생각한다. 우리나라는 지구상에서 가장 빠른 시간에 발전한 나라가 아닌가. 우리 아이들 안에는 그런 힘이 있다고 믿는다.

07

스마트폰으로
어디서나 영어를 하라

효율적으로
스마트폰 사용하기

아이들은 언제 어디서나 스마트폰과 함께한다. 부모인 우리는 스마트폰 1세대였다. 스마트폰이 없이 자랐지만 스마트폰이 생활이 된 첫 세대인 것이다. 편리하게 사용은 하지만 아마도 활용도 면에서는 아이들을 따라갈 수 없을 것이다. 아이들이 스마트폰과 함께 보내는 어린 시절은 우리가 겪어 보지 못한 시간이다.

아이들은 손 편지를 쓸 일이 없다. 우표란 것을 본 적이 있을까 싶다. 빨간 우체통에 편지를 넣어볼 일도 없을 것이다. 심지어 아이들은 스마트폰의 전화기 아이콘이 왜 그런 모양인지 알지 못한다. 요즘은 유선 전화기가 있는 집을 찾아보기 힘들기 때문이다.

이렇게 한시도 떨어져 있지 않은 스마트폰을 영어 공부에 활용할 수 있다면 어떨까? 스마트폰 안에는 영어 공부를 할 수 있는 무수하게 많은 앱들이 있다. 그것도 각 영역별로 나이대별로 끝도 없이 많다.

나는 가끔 재미삼아 하나씩 설치해서 사용해 보다가 지운다. 가능한 한 여러 가지 앱을 써보고 싶어서인데 이렇게 좋은 앱이 전부 무료라는 것이 믿을 수가 없을 지경이다. 유료라고 해도 한 달 이용료가 커피 한 잔 값도 안 되는 경우가 허다하다. 간단하게 단어를 외우는 앱부터 시작해서 문법 회화 리스닝까지 없는 것이 없다.

이렇게 좋은 도구들이 많은데 사용하지 않을 이유가 없다. 물론 아직도 엄마들은 아이들이 스마트폰을 사용하는 것에 대해 걱정이 많다. 나 또한 우리 아이들에게 올바르게 스마트폰을 사용하는 방법을 어떻게 가르쳐 줘야 할지 걱정스럽기도 하다. 어른인 우리조차도 너무나 재미있고 한번 잡으면 시간 가는 줄 모르는데 아이들은 어떻겠는가.

그래서 나는 더욱더 아이들에게 스마트폰을 제대로 사용하는 법을 가르쳐 줘야 한다고 생각한다. 그저 오래 쓰지 말라고만 할 것이 아니다. 아이가 스마트폰을 좀 더 효율적으로 쓸 수 있게 하는 것이 오히려 스마트폰 중독에서 보호하는 방법이라고 생각한다.

취미도
공부가 된다

지우는 사진 찍는 것에 관심이 많았다. 차분하고 공부도 곧잘 하는 친구였다. 나에게 인스타그램 계정이 있냐고 물어보기에 없다고 하자 나중에 계정을 만들면 알려달라고 했다. 노파심에 SNS는 시간 낭비니 하지 말라고 잔소리를 했다. 그러자 지우가 자기는 SNS로 영어 공부를 한다고 하기에 장난인 줄 알았다. 하지만 아이가 보여준 인스타그램을 보고 나도 계정을 빨리 만들어야겠다는 생각이 들었다.

지우는 일상 사진을 찍어 올리면서 짧은 문장이나 단어 몇 개만 써놓았다. 블로그처럼 길게 써야 하는 것이 아니니 영어로 쓰기에도 부담이 없겠다 싶었다. 처음에는 다른 사람들의 일상이나 사진을 보고 싶어 돌아다니다가 외국 친구들의 계정을 팔로우하게 되었다고 했다. 자연스럽게 그 친구도 지우와 비슷한 관심사가 있으니 맞팔로우를 하게 되었다고 했다. 당연히 댓글이 영어로 달리기 시작했고 지우는 그 댓글들을 해석하고 모르는 단어를 찾다 보니 공부가 되었다고 한다. 긴 문장도 아니어서 댓글을 읽고 그 친구의 글에 댓글을 달기도 한다고 했다.

"처음에 달린 댓글은 그대로 복사해서 다른 계정의 친구에게 붙여넣기 하고 그랬어요."

다른 사람들이 달아 놓은 댓글을 보면서 맘에 드는 짧은 표현들은 자기도 쓰다 보니 익숙해졌다고 했다.

물론 이런 지우의 취미생활이 학교 공부에 큰 도움이 되거나 영향을 준 것은 아니다. 하지만 지우는 영어를 사용하고 있었다. 이것은 정말 놀라운 일이다. 스스로 배운 생활 속 살아있는 영어를 직접 단련할 만한 장이 늘 주머니 안에 있는 것이다.

지우는 시간이 남을 때마다 SNS에 접속해서 친구들의 계정을 둘러보고 사진을 찍어 자신의 계정에 글을 올린다. 지우에겐 취미이고 생활의 재미이겠지만 또 한편으로는 시간 날 때마다 영어를 공부하는 셈이다. 자신도 모르는 사이에 즐기면서 말이다.

영어에도
트렌드가 있다

SNS를 보면 트렌드를 정확하게 알 수 있다. 인스타그램, 페이스북, 트위터 같은 것들이 그렇다. 영어도 언어이다 보니 요즘에 잘 쓰는 말이라든지 이슈가 되고 있는 내용들이 많이 보인다. 어떨 때는 문법에 맞지 않는 말들도 있을 정도로 날것 그대로의 살아있는 영어가 넘쳐난다.

SNS에 실시간으로 올라오는 영어는 길지가 않다. 사진도 있고 원어민들의 일상의 삶을 들여다 볼 수 있는 재미도 있다. 내 마음에 드는, 내가 관심 있는 사람과 분야에 대한 내용이다 보니 읽는 데 그리 힘들지가 않다. 당장 눈에 보이는 큰 변화나 실력의 향상을 기대하긴 어렵겠지만 이런 시간들이 모인다면? 그때는 이야기가 달라진다. 그리고 내가 공부하는 언어로 사람들과 소통하고 나를 표현할 수 있다는 것은 정말 좋은 기회이다.

요즘은 누구나 스마트폰을 가지고 다니니 이를 이용해 자신이 하고자 하는 것들과 연결시키면 좋다. 사람들은 스마트폰을 통해서 운동을 하기도 하고, 시간을 관리하기도 한다. 스마트폰 잠금화면에서 영어 단어를 지속적으로 보여 주는 것도 좋은 아이디어라고 생각한다. 시간을 확인하기 위해 스마트폰을 확인할 때마다 영어 단어를 보게 되니 반복 학습에 의한 효과를 기대해 볼 만하다.

물론 주의할 점도 있다. 성인의 경우는 상관이 없다. 성인은 자신에게 맞는 수준과 양을 스스로 정하고 조절할 수 있기 때문이다. 만약 그렇지 않다면 전문가의 도움을 받자. 그래서 정확히 내 실력을 알고 부족한 점과 강점을 확인해서 학습할 수 있도록 하자. 어린아이들이나 학생의 경우도 그렇다. 모든 영어 학습을 앱으로 해결할 순 없다. 기초레벨의 아이들에게 효과적인 방법이 있고 중 고등학생들의 시험을 위한 공부 방법은 또 다르다. 각자의 수준과 목적에 따라 구분해서 적용하는 것이 좋다.

예를 들어 문법의 개념을 이해하고 그것이 문맥 안에서 어떻게 표현되며 시험에서는 어떤 문제로 나온다는 것을 스마트폰으로 자투리 시간마다 공부할 수는 없는 것이다. 이런 경우는 책상에 앉아서 교재를 펴고 중요한 부분을 집중해서 읽고 이해한 후 문제를 통해서 확인해야 한다. 이런 부분을 염두에 두고 전략적으로 스마트폰 앱을 이용해 영어 공부를 한다면 많은 도움을 받을 수 있을 것이다.

스마트폰이라는
신세계로 입장하라

아이들의 공부에 이용해 볼 수 있는 앱도 많지만 성인이나 대학생이 공부할 만한 앱도 많다. 외국 회사의 전화 설문조사에 응대해 주고 돈을 받는 앱도 있다. 용돈벌이 정도겠지만 돈 내고 전화영어도 하는 판에 돈도 벌면서 공부까지 하니 일석이조다. 이렇게 스마트폰을 이용해서 공부하는 것은 너무나 쉽고 간편하며 효과적이기까지 하다. 특별히 공부를 위해 준비할 것도 없고 언제 어디서나 자투리 시간을 이용하기에 시간이 더 드는 것도 아니다.

이것이 일상의 작은 습관처럼 이어진다면 그 전과는 비교할 수 없는 힘이 생길 것이다. 하루에 어휘 3개씩만 하루 종일 스마트폰을 볼 때마다 계속 본다면 자기 전까지 단어 3개는 외울 수 있을 것이다. 이런 하루하루가 쌓이면 그 힘은 무시하지 못한다.

특히나 어휘 같은 경우는 긴 시간 한 호흡으로 공부하는 것이 아니라 틈 날 때마다 잠깐씩 보는 것이 더 효과가 좋다. 딱히 어려운 것도 아니고 시간이 많이 드는 것도 아니기에 쉽고 오래 할 수 있다. 스마트폰 앱으로 영어의 신세계가 열렸으니 주저 말고 그 세계로 들어가자. 입장권은 이미 당신의 손 안에 쥐어진 스마트폰에 있다.

08

시작은 아이가 하고
계획은 엄마가 세워라

시작은
가벼워야 한다

아이가 처음 한글에 관심을 보였던 시기를 기억하는가? 아마도 그때부터 아이의 한글 공부가 시작되었을 것이다. 아이가 "이게 뭐야?"라고 하며 처음 손가락으로 글자를 가리키기까지 엄마는 벽에 한글 포스터를 붙여 놓았을 수도 있고, 단어 카드를 가지고 놀아 주었을 수도 있다. 아이가 시작할 준비를 엄마가 해놓은 것이다. 하지만 아이를 억지로 끌어다 공부를 시키진 않았을 것이다. 준비는 했겠지만 시작은 아이가 하도록 기다려 주었을 것이다. 한글에 아무런 관심을 보이지 않는 아이에게 글자 공부를 시키진 못하기 때문이다. 영어도 그렇게 시작하면 된다.

준비는 엄마가 해야 한다. 무대를 세우고 포스터를 붙이고 영어 노래도 들려준다. 하지만 무대에 오르는 것은 엄마가 아니다. 아이가 올라야 한다. 그때까지는 기다려 주는 것이 좋다. 그래야 시작이 부담스럽지 않고 편할 수 있다. 아이가 "엄마, 이게 뭐야?"라고 물어보는 것으로 시작하는 것과 "○○야, 이게 뭐지?"라고 엄마가 물어보는 것은 아이가 느끼는 마음부터가 다르다. 시작이 무겁게 느껴지면 아이는 한 걸음 한 걸음을 힘겹게 느낀다. 그래서 시작은 아이가 해야 한다.

공부 성향이란 무엇인가

가끔 아이의 영어 공부를 일찍 시작하고 싶어 하는 엄마들을 만나게 된다. 그들은 더 어릴 때 영어를 시작해야 발음도 좋고 원어민처럼 영어를 할 수 있다고 믿는다. 그 생각이 맞을 수도 있지만 아닐 수도 있다. 그런데 여기서 중요한 점은 엄마의 교육신념이 맞는지 틀리는지가 아니다. 아이가 그럴 준비가 되었는지 안 되었는지다. 모든 일에는 장단점이 있다. 어떤 방법이든 성공하는 사람이 있고 실패하는 사람이 있다. 그 성패를 가르는 것은 스스로의 의지다. 아이가 지금 준비되었는지 이 방법을 좋아하는지 살펴보는 것이 제일 중요하다.

그런데 생각보다 많은 엄마들이 아이의 시작을 기다려 주지 못한다. 나름 학습 계획이 있는 것이다. 엄마는 그 계획을 위해 많은 시간을 할애해 책을 읽고 인터넷 서핑을 했을 수도 있다. 그렇다면 그 중요한 계획을 직접 해나가야 할 아이의 공부 성향도 알고 있는지 궁금하다.

아이의 공부 성향은 어떤 걸까? 아이가 어릴수록 정확하게 파악하기 어려울 수도 있다. 아이의 의견이 아닌 전적으로 엄마의 관찰로 알 수 있는 것이기 때문이다. 그리고 이런 성향은 아이가 자라면서 많이 바뀌기도 한다. 의외로 엄마들은 아이의 성향을 잘 모른다. 내성적인 아이라 생각했는데 의외로 친구들과 잘 어울리고 스스럼없이 먼저 다가서기도 하며, 자기주장이 강한 외향적인 아이라 생각했는데 정작 아이들과 어울릴 때는 엄마 옆에서 떨어지려 하지 않기도 한다.

아이가 책을 읽어 주는 것을 좋아하는지, 어떤 놀이를 더 즐겨 하는지 살펴보면 좋다. 요즘에는 간단한 문답으로 성향을 확인해 볼 수 있는 테스트도 많으니 한번 받아 보면 아이의 성향 파악에 큰 도움이 될 것이다. 아이가 먼저 첫 시작을 하려 할 때까지 엄마들은 이런 준비를 해 두고 기다리면 된다.

아이가 사교육 기관에서 공부를 하게 된다고 해도 이런 부분을 알고 있으면 많은 도움이 된다. 집에서는 보이지 않던 모습이 학원에서는 보일 수도 있기 때문이다. 선생님과 상담 시 엄마가 아이의 성향이나 선호하는 것들에 대한 이야기를 해 주면 선생님이 학습 방향을 잡을 때 많은 도움이 될 것이다. 또한 아이를 선생님이 잘 파악하고 있는지, 아이가 선생님의 계획을 잘 소화하고 따라가는지에 대해서도 상담하면 좋다. 가끔 아이의 속도가 아닌 학원의 속도에 맞추어 아이가 끌려가는 곳이 있는데 이런 부분은 선생님들과의 상담을 통해서 확인해 보길 바란다.

호흡과 속도를 조절하라

계획을 세우고 실행할 때는 아이의 속도를 꼭 고려하기 바란다. 아이가 어릴수록 공부 소화량이 꾸준하지 않고 편차가 많다. 이 정도는 하던 아이가 갑자기 확 떨어지기도 하고 또 어느새 그랬냐는 듯이 다시 제 페이스를 찾아서 치고 나가기도 한다. 이런 부분을 인지하고 확인은 해야겠지만 엄마나 선생님이 아이에 맞춰 흔들리지 않고 중심을 지키고 있어야 한다. 엄마나 선생님이 흔들리면 아이는 더 흔들리기 때문이다. 처음에는 아이의 흔들림이 자주 있을 수도 있고 힘든 시기도 있다. 안 하던 운동을 하면 초반에 근육통이 오는 것처럼 공부도 그렇다.

공부량에는 정해진 답이 없다. 엄마들이 정보를 얻을 수 있는 곳은 주변 말고는 없다. 여기서 그 유명한 옆집 엄마가 등장한다. 하지만 아이마다 언제 무엇을 얼마나 시켜야 할지는 저마다 다르다. 그래도 대체적으로 학원에서는 각자의 학습 플랜에 따라서 몇 학년이 어느 정도를 해야 하는지에 대한 부분은 있다. 아이가 그 부분을 다 소화하며 따라가지 못할 수도 있다. 하지만 학년이 올라갈수록 공부량이 늘어나야 하는 것은 사실이다. 그런데 그 양이 엄마가 생각하는 수준으로 차근차근 늘어나지는 않는다. 그러니 갑자기 늘어나는 공부량에 대해 이렇게 하는 것이 맞는지 확인할 길이 없다.

아이가 초등학교 2학년에서 3학년으로 올라가는 시기, 초등학교에서 중학교로, 중학교에서 고등학교로 올라가는 시기에 많은 성적의 변화가 있는데 그 이유 중 하나는 학습량의 변화가 이루어지지 않기 때문이다. 영어라는 과목이 한 단계, 한 단계 조금씩 난이도가 올라가지 않는다. 어느 날 갑자기 확 어렵게 느껴진다.

대표적으로 초등학교 때는 어휘를 많이 알고 있으면 영어를 잘한다고 느낀다. 그리고 이 부분이 충분히 학습되면 다른 영역 학습도 수월하다. 중학교 때는 시험이 있기 때문에 아이들이 교과서에 매달리고 학원도 시험 대비란 것을 한다. 시험 범위가 있고 또 그 범위가 교과서에 한정되어 있으니 교과서를 통으로 외워버리면 점수가 잘 나온다.

그런데 이것은 정확한 의미로 영어 실력이라 말할 수 없다. 하지만 성적이 잘 나오니 내 아이가 영어를 잘한다고 생각한다. 이 모든 게 한 순간에 터지는 구간이 바로 고등학생 때이다. 그리고 진짜 영어 실력이 발휘되는 순간도 이때다.

큰 그림을 보고 긴 호흡으로 가야 하기에 시작은 아이가 하지만 계획은 엄마가 세워야 한다. 사교육의 도움을 받고 선생님과 충분한 상담을 해서 정확히 알고 있어야 한다. 아이들은 아무리 계획을 세운다 해도 멀리 볼 수는 없다. 아이에게 자신은 충분히 해낼 수 있다는 자신감과 믿음이 있다면 모르겠다. 하지만 그렇지 않다면 지레 지쳐 버린다. 멀리까지 갈 자신이 없으니 지금의 한 걸음이 아무 소용없다고 생각하고 목표를 잃어버리는 것이다.

그래서 학습 초반에는 아이가 해낼 수 있을 만큼의 양으로 성취감을 주어야 한다. 아이가 이겨낼 수 있을 만큼의 난이도로 차곡차곡 믿음과 자존감을 쌓아 주어야 한다. 그래야 학년이 올라가면서 급격히 밀려드는 공부량을 버티고 소화해 낼 수 있다.

자존감
낮은 아이도
영어 잘하는 아이로
키울 수 있다

01

강력한 동기가
흥미를 불러온다

동기가 없으면
금세 포기한다

아이들에게 영어를 가르치면서 내가 가장 많은 시간을 들여서 공부하고 노력한 부분은 사실 영어가 아니다. 내 영어 실력이 대단해서가 아니다. 아무리 세미나를 다니고 새로운 영어 학습법을 익히고 연구 활동을 한다고 해도 아이가 안 하겠다 버티면 아무런 소용이 없다는 것을 알기 때문이다. 아이 스스로의 의지가 없으면 무슨 짓을 해도 안 된다. 나는 이 사실을 여러 해를 거쳐서 경험해 왔고 지금도 하고 있다. 그래서 내 방에는 영어 책이 아니라 아동 심리, 청소년 심리, 인지 심리, 행동 심리 등에 관한 책이 더 많다. 인지행동심리상담

사 자격증도 땄다. 그래도 아이들이 공부를 하고 싶게 만드는 것은 너무 어려운 일이다. 겨우 공부할 마음을 먹어도 아이들은 작은 어려움 하나에도 금세 흔들리고 만다.

어떻게 해야 아이들 마음속에 강한 동기를 심어줄 수 있을까? 그럴 수만 있다면 앞으로 만나게 될 어려움도 결국은 뛰어 넘을 텐데 말이다. 나는 늘 이런 부분에 목말라 있었다.

꿈이 있으면
미래가 있다

은석이는 그날도 스타들의 냉장고를 통째로 방송국에 가져와서 요리사들이 대회를 하는 프로그램에 대해 친구들과 쉴 새 없이 떠들고 있었다. 아이는 그 프로를 얼마나 좋아했는지 냉장고의 변천사에 대해 침을 튀기며 이야기했다.

"말이 되냐? 냉장고에 그런 버섯이 있는 집이 어디 있어? 너희들 그런 거 어디서 파는지 알기나 하냐?"

은석이는 얼마 전부터 그 프로그램에 자주 나오는 비싼 버섯 이야기에 혈안이 되어 있었다. 예전에는 평범한 냉장고들이었는데 프로그램이 점점 인기가 많아지면서 비싸고 특이한 재료들이 많아졌다는 것이다.

"옛날에는 그냥 엄마가 냉장고에서 꺼내 주고 없는 건 그냥 마트에서 사면 됐는데 이제 못 해 먹는 게 너무 많아."

나는 은석이 말에 깜짝 놀라서 되물었다.

"요리를 한다고? 네가 그 프로그램에 나오는 요리를 해먹었다고? 정말이야?"

"네. 거기 나오는 것처럼 시간 제한을 두고 하는 건 아니지만 재료만 있으면 다 만들 수 있어요."

그러고 보니 가능해 보였다. 그 방송에서는 시간 제한이 있기 때문에 오븐에 굽는다던가 하는 어려운 조리법을 그다지 활용하지 않았기 때문이다.

나는 얼마 후 은석이에게 영국의 유명한 스타 셰프 고든 램지에 대해 이야기해 주었다. 흥미가 들 만한 재미난 영상도 유튜브에서 찾아 앞부분 5분 정도를 보여 주었다. 영어 자막이 있는 자료였다. 5분이 지난 뒤 이제 수업하자며 화면을 꺼버렸다.

"아, 쌤! 지금 막 보고 있는데 이걸 끄면 어떻게 해요? 쌤 악마예요?"

나는 자꾸만 웃음이 터져 나왔다. 다음에는 미식가들의 보물지도라 불리는 미슐랭 가이드에 대한 이야기를 해 주었다. 프랑스 타이어 회사에서 만들기 시작한 것인데 어쩌다가 맛집 보물지도가 되었는지를 이야기해 주자 은석이뿐만 아니라 다른 아이들도 몹시 흥미로워했다.

다음에는 아이들이 만들 수 있는 음식의 레시피를 프린트해서 주고 아이들을 위한 요리 사이트도 보여 주었다. 그리고 유명한 요리 만드는 영상을 수업이 끝나고 조금씩 은석이에게 보여 주었다. 은석이는 시간이 지나면서 조금씩 꿈이 수정되고 구체화되었다.

얼마 후 은석이는 한국 청년들이 미국에서 푸드 트럭으로 시작해서 큰 성공을 거둔 이야기에 대해 말해 줬다.

"쌤! 저도 나중에 푸드 트럭 가지고 미국에서 돈 벌면서 여행할 거예요."

은석이가 정말 그 꿈을 이루게 될지 아닐지는 모른다. 어쩌면 다음 학기에는 다른 방송 프로그램을 보고 다른 꿈을 가질지도 모른다. 하지만 지금은 이게 아이 마음에 강력한 동기 부여를 해주고 있다는 것은 확실했다. 그거면 충분했다.

동기는
공부의 연료다

지호 엄마는 지호의 꿈 때문에 고민이었다. 요즘 아이들은 꿈이 없는 것이 고민인데 꿈이 있어도 고민이 될 수 있다는 것을 알려 주는 케이스였다. 단순히 지호가 엄마는 좋아하지 않는 것을 하겠다고 해서가 아니었다. 지호는 학교를 그만두고 싶어 했다.

"하고 싶은 걸 하라고 할 때는 언제고 왜 내가 하고 싶다고 하는 걸 엄마가 못 하게 하는 건데!"

"누가 그거 하지 말래? 아니, 멀쩡히 다니던 학교를 왜 그만두나고! 학교도 제대로 졸업 안 한 놈이 뭘 하겠다는 거야!"

"아, 도끼 있잖아. 도끼!"

도끼라니? 도끼가 뭔가? 결국 엄마는 먼저 집으로 돌아가고 지호만 남아 나와 이야기를 했다.

"도끼가 뭔데?"

"래퍼요. 돈 진짜 많이 벌어요! 도끼는 학교도 안 나왔어요."

"그래? 그게 그렇게 돈이 된대? 그럼 학교는 안 다녔지만 학원은 다녔대?"

"아, 쌤 진짜! 돈이 없어서 학교도 못 다녔는데 무슨 학원을 다녀요??"

"돈 있으면 다녔겠네. 너는 부모님이 학교도 학원도 보내 주신다니 얼마나 복 받았니. 학교까지 나왔으니 도끼보다 더 유명한 래퍼가 되면 되겠네. 뭐, 톱이나 끌 이런 거는 어때? 전기톱은 뭔가 공포영화 같고 고민 좀 해 봐야겠네."

지호는 나름 진지한 훈계를 생각했을 것 같은데 나는 래퍼가 되었을 때 쓸 이름이나 같이 생각해 보면서 학원 숙제나 하자고 하자 이내 집으로 돌아갔다.

지호가 돌아간 후 나는 도끼라는 래퍼에 대해서 찾아봤다. 다른 것보다도 도끼라는 사람이 유명한 래퍼가 되기 위해 얼마나 많은 시간 동안 노력하고 애써 왔는지에 대한 기사들만 추려서 프린트했다. 사실 지호는 정말 도끼처럼 래퍼가 되고 싶었다기보다 엄마와의 싸움에서 기선을 잡기 위해 학교를 그만두겠다 말하는 것 같았다. 집에서는 엄마와 자퇴 문제로 싸운다고 하는데 학원에서는 전혀 그런 말이 없었기 때문이다. 친구들 말에 따르면 지호는 학교 내에서 교우관계도 좋다고 했다.

"왜 래퍼가 되기 위해 학교를 그만둬야 해? 그건 좀 이상하잖아. 그럼 버벌진트 같은 래퍼가 되면 되겠다! 버벌진트는 서울대 경제학과 출신이래. 그리고 에픽하이 타블로는 스탠퍼드잖아."

"쌤. 래퍼가 학력이 무슨 상관이에요!"

"거봐. 래퍼가 학력이 무슨 상관이야. 그런데 왜 학교를 그만두냐고. 아무 상관없다면서. 래퍼는 자기 생각이나 신념, 철학 같은 걸 자신만의 목소리로 이야기하는 거라는데. 뭐가 네 안에 있어야 될 거 아냐. 네 안에는 무슨 신념이 있고 철학이 있는데? 학교 관둬야 래퍼 된다는 철학은 너무 이상하잖아."

지호랑 나는 한동안 래퍼는 무엇이 중요한가에 대한 이야기를 나누기 시작했다.

"랩도 써 봐. 래퍼가 되겠다면 랩을 써야 하는 거 아냐? 일단 한번 써 봐. 쌤도 한번 보자."

지호는 내가 하는 모든 이야기에 심드렁해지고 나서 학교를 그만둔다는 이야기는 흐지부지되었다.

그렇게 지호의 래퍼 되기 프로젝트는 한때의 해프닝으로 잊힐 것같았다. 그러던 어느 날, 지호의 가방에서 나온 두꺼운 노트가 모두를 놀라게 했다. 노트에는 지호가 쓴 자작 랩이 빼곡했다. 지호가 전부 보여 주진 않았지만 나름 열심히 노력해서 써온 것에 나는 감동을 받았다.

"지호야, 멋지다! 진짜 많이 썼네! 이건 진짜 감동인데?"

그 후 지호는 나의 칭찬이 만족스러웠는지 가끔씩 나에게 자작 랩을 보여 주곤 했다. 지호는 지치지 않고 꾸준히 랩을 썼고 가끔씩 아주 짧은 영어 문장도 쓰긴 했다.

지호의 자작 랩 실력보다 먼저 좋아진 것은 국어 능력이었다. 뭔가를 쓰기 위해 읽고 써 보고 고치는 과정을 통해 국어 능력이 좋아지고 있다는 것을 알 수 있었다. 지호 엄마는 지호가 책상에서 노트를 가지고 뭔가를 계속 끼적이고 쓰는 것이 꽤 마음에 드셨는지 더 이상 지호의 래퍼를 향한 항해를 저지하지 않으셨다. 물론 영어 실력은 크게 향상되거나 좋아지진 않았다. 처음부터 세계적인 래퍼가 되라고 부추길걸 하는 후회가 들기도 한다.

언젠가는 지호의 꿈도 지호가 자라면서 더 커지거나 달라질 수도 있다. 그렇지만 한번 지호의 마음에 불붙었던 동기는 언젠가 또 다른 꿈의 연료를 만나면 다시 타오를 것이다. 그게 무엇이 되었든지 지호는 해낼 수 있을 것이다. 몇 개월 만에 국어 작문 실력이 좋아진 것을 보면 또 아는가? 언젠가 텔레비전에서 톱이나 끝이란 이름의 래퍼가 등장할지도 모를 일이다.

보상이 아이를
한 걸음 더 나아가게 한다

습관부터
만들어야 한다

아이들이 공부를 시작하는 초기에는 실력 향상보다 더 중요한 것들이 있다. 공부 습관이나 태도, 사소한 버릇, 그리고 자존감 같은 것이다. 이런 것들을 잘 잡아나가는 것도 공부를 시작하는 초기에 해야 하는 부분이다. 습관이나 태도는 한번 자리 잡으면 고치기가 어렵다. 별 생각 없이 했던 것들을 의식적으로 고쳐야 하니 쉬울 리가 없다. 오죽하면 세 살 버릇 여든까지 간다고 하겠는가. 이런 부분은 생활 습관에서 많은 영향을 받는다. 예전에 한 국어 선생님이 이런 말을 한 적이 있다.

"요즘 애들은 글씨 쓰는 것만 봐도 앞으로 공부를 어떻게 할지가 보여요."

지금 생각해 보면 아이의 글씨뿐만이 아니라 공부하는 태도와 버릇을 다 아울러서 이야기한 것 같다. 글씨를 엉망으로 쓰면서 내용은 잘 정리해 머릿속에 넣는 것은 잘 매치가 되지 않는다. 글씨라는 것이 공부와 큰 관련이 없을 것 같지만 그렇지 않다. 우등생의 노트를 본 적이 있는가? 엉망진창 휘날려 쓴 글씨를 찾아보기 어렵다. 글씨를 못 쓰면 더 쓰기 싫고, 그러다 보면 학습한 내용을 정리해서 쓰는 것도 어렵다. 이렇게 정리가 안 된 노트를 가지고 공부한다면 그리 효율적이지 않을 것이다.

공부 습관을 잡을 때
고려해야 할 점

공부를 하면서 혼나는 경험을 갖는 것은 그리 좋지 않다. 아이들은 굉장히 감정적이어서 혼나는 이유는 중요하지 않다. 왜 혼나는지는 알겠지만 그래도 화가 난다. 이것이 반복되면 아이는 자신의 행동이 잘못되었다는 것을 깨닫기보다는 공부하면 자꾸 혼나고, 그래서 기분이 나쁘니 공부하기 싫다는 결론을 내리기 쉽다. 그래서 공부 습관이나 버릇은 칭찬으로 잡아나가는 것이 좋다. 그럴 때 사용하는 것이 바로 칭찬 스티커이다.

아이들은 칭찬 스티커 판에 스티커를 하나씩 모으면서 판을 볼 때마다 자신이 얼마나 잘해 왔는지를 계속 눈으로 확인한다. 조금만 더 하면 다 모을 수 있을 것 같다. 꼭 칭찬 스티커가 아니어도 좋다. 아이가 자신이 잘했다는 것을 눈으로 볼 수 있게 해 주는 것이라면 무엇이라도 좋다. 그러면 아이들은 칭찬받기 위한 행동을 한다. 이게 포인트다.

잘못된 행동에 집중해서 '이걸 하면 안 돼. 나는 왜 자꾸 이러지?' 라는 생각을 하면 아이의 자존감이 점점 낮아진다. 이런 상태가 되면 배운 것보다 잃은 것이 훨씬 더 많은 격이다. 아이가 잘하는 부분을 자꾸 보여 주며 칭찬해야 한다.

공부 역시 마찬가지다. 아이가 성취감을 느껴서 계속 하고 싶을 만큼의 적당한 공부량이 핵심이다. 가르치는 선생님의 역량은 이런 데서 나오는 것이다. 아이들 개개인의 성향을 파악하고 공부해 나가는 양과 속도를 조절해야 한다. 이게 잘 이루어지면 아이들의 자존감도 단단하게 기반이 잡힌다.

물론 아이들이 언제나 즐겁게 따라와 주는 것은 아니다. 글씨를 엉망으로 쓰고 책에 낙서를 하거나 지우개로 장난을 치고 의자를 까닥거린다. 조금만 힘들어도 하기 싫다고 하고 재미없다고 하기도 한다. 엄마표로 가르치면서 가장 힘든 부분은 가르치는 내용이 아니라 이런 부분이다.

특히나 아이들은 엄마의 약점을 알고 있다. 공부만 하려 하면 배가 고프다고 한다. 아이가 평소 잘 먹지 않는다면 마음이 흔들리지 않을 수가 없다. 이럴 때는 빨리 간단하게 지시를 내리고 공부하는 내용으로 돌아와야 한다. 위험하니까 의자로 장난치지 말자. 책에는 낙서하지 말자. 그림은 공부 끝나고 스케치북에 멋지게 그려 보자 등등. 이렇게 빨리 끝내고 아이들의 집중력을 다시 공부로 데리고 와야 한다.

아이가 본격적으로 공부를 시작하기 전에 생활습관을 잘 잡아 주면 훨씬 수월하다. 이때 아이들의 성향이나 버릇, 기질 등을 엄마가 잘 파악하고 있다면 많은 도움이 된다. 그리고 초반에는 엄마의 믿음과 격려, 칭찬이 많이 필요하다. 이런 기반을 가지고 학습을 해나가야 한다.

이런 시간은 아이들마다 차이가 있다. 처음부터 태도나 습관을 잡아나가는 편이 더 쉽다. 이미 잘못된 태도나 습관을 가지게 된 경우라면 고치는 데 아이도 힘들고 엄마도 힘들다.

무엇보다 이런 경우 아이의 자존감도 낮아진 상태이다. 학년이 있다 보니 칭찬 스티커 같은 것은 더 이상 통하지 않는다. 마냥 기분 좋게 칭찬만 하면서 아이를 끌어갈 수도 없는 노릇이다. 이미 아이는 또래 수준의 공부량에 훨씬 미치지 못하는 숙제 양조차도 버겁다고 하지 않는다. 엄마조차 아이가 얼마나 많이 해야 하는지 모르는 경우가 많다.

포기하지 않는 것이
중요하다

"병호가 뛰어나게 잘하길 바라진 않아요. 그저 남들 하는 만큼만 했으면 좋겠어요. 지금은 안 하더라도 나중에 자기가 마음먹고 공부하자 할 때 할 수 있을 만큼의 기초만 있으면 돼요."

병호는 이제 5학년에 올라간다고 했다. 다른 학원도 2년 정도 다녔다고 했다. 알파벳은 인지하고 있었지만 문장을 정확히 읽지 못했다. 당연히 기초적인 단어도 암기가 안 되어 있었다. 아이의 자존감도 매우 낮은 상태였다. 엄마가 생각하는 평균이 되기 위해서 아이가 가야 할 길은 멀었다.

이런 경우 칭찬과 격려만으로는 아이를 움직이게 만들기 힘들다. 왜냐하면 아이도 알고 있기 때문이다. 자신이 가야 할 길이 너무 멀다는 것을 말이다. 지금 60점을 받는 아이라면 100점이 아니라 70점을 향한 공부를 해야 한다. 잘하기까지는 시간이 걸리지만 여기까지만 가 보자고 눈앞에 보이는 길을 제시해야 한다. 아이는 엄마가 생각하는 평균에 도달하지 못할 수도 있다. 그렇다고 나아가지 않고 머물러 있을 순 없지 않은가?

남들보다 뒤쳐졌어도, 평균까지 따라가기 어렵다고 할지라도 해야만 하는 것이 바로 공부다. 아이가 담담하게 그 사실을 받아들이고 나아가야 한다. 어제의 나보다 오늘의 내가 더 나아진 그 부분을 바

244

라보자. 어제보다 오늘의 내가 실망스러울 수 있다. 내가 되고자 하는 나는 생각보다 훨씬 더 멀리 있을 수 있다. 그렇지만 어제의 나보다 오늘의 내가 조금씩 더 나아지고 있다는 사실을 꾸준히 확인해 나간다면 어떨까?

지금 수준이 중요한 것이 아니라 멈추지 않고 꾸준히 나아가고 있는 자신에게 집중할 수 있다면 자존감은 더욱 높아질 것이다. 어떤 상황에서도 포기하지 않고 해온다면 그것으로 충분하다.

병호는 똑같은 문제집을 세 번 풀었다. 처음에는 거의 맞은 것이 없었다. 두 번째도 비슷했지만 왜 틀렸는지는 이해하게 되었다. 문장도 읽고 몇몇 단어의 뜻도 말할 수 있었다. 세 번째 풀 때는 틀린 것을 고쳐올 수 있게 되었다. 물론 아직도 가야 할 길은 멀다. 하지만 어제보다 오늘이 더 나아지고 있다.

처음에 병호는 많이 힘들어했다. 숙제 양이 많은 것보다 관심을 받고 하나하나 피드백을 받는 것이 힘들어서였다. 문제를 끝까지 읽었는지, 글씨를 왜 똑바로 안 쓰는지, 책에 낙서를 왜 하면 안 되는지, 왜 모른다고 아무 번호나 찍으면 안 되는지 등등…. 병호는 고쳐야 할 것들이 너무 많았다. 그전까지는 수업시간에 가만히 앉아서 듣기만 하면 아무 일도 없었는데 이제 더 이상 그럴 수 없으니 힘들 수밖에 없었다. 나는 세 번째 푼 문제를 설명해 주고 나서 병호가 처음 풀었던 문제집을 다시 꺼내보았다.

"이거 보여? 너 그때 여기다가 글자도 엉망으로 쓰고 네가 쓴 것도 네가 못 읽었던 것 기억나? 하기 싫고 할 게 너무 많아서 못할 것처럼 보일 때마다 지금 네가 이만큼 한 걸 꼭 기억해. 이만큼씩만 가보자. 나중에 조금 더 갈 수 있을 때가 되면 그때 또 그만큼 가면 되는 거야. 이건 쌤이 가지고 있다가 나중에 너 영어 잘하게 되면 옛날에 이렇게 죄다 틀렸다고 놀려 먹을 증거로 삼을 거야."

"아, 싫어요, 쌤. 저 주세요!"

영어에 겁먹고 어눌했던 처음의 병호는 이제 없다. 병호의 마음속에는 언젠가 영어를 잘하게 되었을 때의 모습이 자리 잡아가는 중이다. 쉽진 않겠지만 처음처럼 아예 멀게 느껴지지 않는 것은 나뿐만은 아닌 것 같다. 병호는 틈 날 때마다 첫 번째 문제집을 나에게 달라고 조르기 때문이다.

언젠가 아이가 공부 머리가 없다면 뭐 하러 공부를 시키냐며 차라리 다른 쪽을 알아보는 것이 낫지 않냐고 물어보는 선생님이 있었다. 너무 비효율적이라는 것이었다. 나는 그 의견에 동의하지 않는다. 아이가 다른 것을 하고 싶다고 강력하게 의견을 제시한다면 모르겠지만, 아이가 공부를 못하고 공부에 관심이 없다는 이유로 놓아버리면 학교 안에서 인정받을 길이 없다.

매번 아이가 어떤 부분에서 뛰어난 두각을 나타내지 못한다면 그때마다 어차피 못할 것 비효율적이니 하지 말자고 할 수는 없다. 어떤 분야가 될지라도 아이는 자신보다 잘하는 사람을 만나게 될 것이다. 지금은 해도 안 될 것 같아 보이지만 있는 자리에서 할 수 있는 최선을 다 해볼 수 있는 진정한 자존감을 키워야 한다.

· 03 ·

<u>엄마가 가르치지 말고</u>
아이가 스스로 배우게 하라

물고기를 주기보다
잡는 방법을 알려 주어라

우리 아이는 유치원에서 돌아오면 선생님 흉내를 내면서 논다. 이 것은 비단 우리 아이뿐만이 아니다. 아이의 눈에 선생님은 주인공이 다. 언제나 선생님이 말하고 아이들이 듣기 때문이다. 그래서 아이는 집에 돌아오면 동생과 엄마를 붙잡고 선생님 흉내를 낸다. 자신이 주 인공이 될 수 있는 시간인 것이다. 그런데 엄마나 동생은 배울 자세가 안 되어 있다. 동생은 아직 언니 말을 잘 듣지 않고 엄마는 자꾸 바쁘 다고만 하기 때문이다.

아이가 아직 한글을 떼기 전이었다. 아이에게 책을 읽어 주려고 하면 아이가 책을 확 낚아챘다. 자꾸만 자신이 읽어 주겠다는 것이다. 육아서에는 이런 내용이 없었는데…. 책을 읽어 주는 것이 좋다고 했는데 아이는 별로 좋아하지 않았다. 내가 다 읽어 주기도 전에 자기가 읽어 준다면서 책을 빼앗아 가서 이상한 이야기를 지어내곤 했다. 그다음부터는 자연스럽게 책은 아이가 읽어 주는 놀이가 되었다.

만약 이렇게 계속 아이가 가르치게 한다면 어떨까? 배우는 입장은 아이들이지만 막상 수업의 주인공은 선생님이다. 예나 지금이나 다름이 없다. 그래서 아이들은 수업시간이면 수동적으로 집중만 해야 한다. 아이들이 주인공이 된다면 어떨까? 서로가 서로를 가르치면 되지 않을까?

물론 학교에서는 이런 방법을 실행해 보기 어렵다. 하지만 엄마표라면 이야기가 다르다. 엄마와 아이는 일대일이니 충분히 가능하다. 아이가 엄마를 가르치게 하는 것이다. 아이가 엄마를 어떻게 가르치란 말인가? 아는 것이 있어야 가르치지 않겠는가? 그렇다면 아이가 무엇을 가르칠지에 대해서 스스로 배울 수 있는 길을 알려 주도록 하자.

이 방법이 효과를 보이려면 아이가 어느 정도 문자를 읽고 해석할 수 있는 능력이 있어야 한다. 이 정도만 돼도 아이가 궁금해하는 부분을 스스로 배워 나가게 할 수 있다. 엄마는 아이의 배움을 받는 동시에 아이가 궁금한 것을 어떻게 스스로 배워 나가야 할지에 대한 가이드를 조금씩 제시해 주면 된다. 아이도 엄마도 처음이다 보니 어떤 방법이 좋을지 이것저것 시도해 보아야 한다. 그만큼 시간도 많이 걸리고 쉽지 않은 길이다. 하지만 이것이야말로 아이에게 물고기를 잡는 방법을 가르쳐 주는 것이다. 시작은 엄마와 하지만 시간이 지나면 스스로 방법을 찾아갈 것이다. 아이는 모르는 부분을 스스로 찾아서 배우는 법을 엄마와 함께 해왔기 때문이다.

선생님이 아닌
가이드가 되어 주자

자신이 찾아낸 방법으로 하나씩 배워 나갈 때 아이 안에 있는 자존감은 몰라보게 단단해져 갈 것이다. 아이는 어떻게 해야 될지 모를 문제 앞에 당황하지 않을 것이다. 지금까지 늘 스스로 방법을 찾아 배워 왔기 때문이다. 이런 것은 학원에서 가르칠 수 없다. 어떤 학원에서도 이런 방법으로는 아이를 가르칠 수 없다. 왜냐면 효율성이 아주 낮기 때문이다. 그렇다면 과외는 가능할까? 불가능하다. 시간이 너무 오래 걸리기 때문이다.

이 방법의 핵심은 시행착오다. 궁금한 것을 여기서 찾아봐도 없고, 책을 뒤져봐도 잘 모르겠고, 그럼 이건가 싶어서 다른 엄한 자료를 보기도 해야 한다. 이 모든 순간을 엄마와 같이 헤매야 한다. 엄마는 정답을 바로 가르쳐 주고 싶은 마음이 들 수 있다. 꼭 참아야 한다. 이 방법을 통해 실패는 아무것도 아님을 배울 수 있기 때문이다.

세기의 발명왕으로 불리는 토머스 에디슨은 전구를 만들어내기까지 1,500번의 실패를 했다고 한다. 수많은 실패 끝에 성공한 그에게 조수가 소감을 물어보자 그는 이렇게 대답했다.

"우리는 실패를 한 게 아니라 작동이 되지 않는 전구 필라멘트 1,500개를 알게 된 거야."

에디슨이 그 수많은 실패에 울고불고 좌절했을까? 그렇지 않았을 것이다. 에디슨은 그것을 배움의 과정으로 받아들였을 것이다. 만약 실패할 때마다 고민하고 괴로워했다면 인류는 전구를 만나기 위해 더 오랜 시간을 기다려야 했을지도 모른다.

나는 아이들이 이런 배움을 얻길 바란다. 처음부터 능숙하게 답을 찾을 순 없겠지만 엄마가 옆에서 지켜봐주고 조금씩 답을 찾아가는 방법을 가르쳐 주면 충분히 해낼 수 있지 않을까. 아이들은 자신이 주인공이 되어서 답을 찾아가는 과정을 분명히 좋아할 것이다.

책을 찾아봐도 좋고 인터넷을 찾아봐도 좋다. 엄마가 옆에서 지켜보면서 올바른 사용법을 가르쳐 주면 된다. 그래서 아이가 이런저런 방법을 통해 자신만의 답을 찾아냈을 때 잘했다고 칭찬하고 격려해 주면 된다. 엄마의 역할은 거기까지다. 아이에게 배움의 화두를 던져 주는 역할은 할 수 있겠다.

이런 방식을 영어 공부에 적용하는 방법은 너무 많지만 일단 모르는 단어를 사전으로 찾아보는 것부터 시작하는 것도 나쁘지 않다. 무슨 뜻인지, 실제 예문에서는 어떻게 쓰이는지, 발음은 어떻게 되는지 따라 읽어 보는 등 방법은 무궁무진할 것이다. 요즘에는 원서 동화책을 읽어 주는 영상도 있다. "우리 이거 한번 따라 읽어 볼까?" 하며 엄마가 어느 정도 유도해 줘도 좋다. 다음에는 아이가 더 좋은 방법을 생각해 낼 수도 있을 것이다.

아이의
눈부신 순간을 지켜보자

나는 우리 아이들이 맞이하게 될 미래에 대해 아무런 정보도 없고 상상조차 되지 않는다. 불과 20년 전만 해도 국민 모두가 손에 스마트폰을 쥐고 다닐 것이라는 상상을 아무도 하지 못했다. 앞으로 20년 후에 우리 아이들이 살아갈 미래가 어떨지 상상할 수 있을까? 현존하는 직업은 사라지고 한 번도 상상하지 못했던, 지금까지 존재하지 않았던 직업이 생길 것이다.

그렇다면 아이들은 어떻게 배워나갈 수 있을까? 아이들은 스스로 배워야 한다. 우리 아이들의 미래는 아이들이 스스로 풀어 나가야 하는 것이다. 아무도 살아 본 적 없으니 아무도 가르쳐 줄 수 없는 시대를 살아가야 한다.

세계 1위 대학은 하버드다. 하지만 가장 입학하기 힘든 대학은 '캠퍼스 없는 학교'로 유명한 미네르바 스쿨(Minerva school)이다. 미네르바 스쿨에는 강의실이 없다. 교수가 따로 학생들에게 강의하지 않는다. 학생들은 각자 알아서 책이나 유튜브, 테드나 온라인 대중강좌(MOOCS) 등을 통해서 배운다. 그 이후에 온라인에서 모여 토론을 통해 좀 더 심도 깊은 학습을 한다. 교수는 강의를 통해 지식을 전달하지 않고 학생들의 토론을 촉진하고 독려하며 정리하는 역할을 할 뿐이다.

이게 우리 아이들이 맞이하게 될 미래의 교육이다. 세계 유수의 대학들은 이렇게 바뀌어 가고 있다. 더 이상 교수가 학생들에게 지식을 전달하지 않는다. 우리나라의 대학들도 이런 방식을 조금씩 적용해 나가고 있다고 한다. 이런 변화를 우리 아이들은 어떻게 받아들일까?

나는 이런 부분이야말로 엄마표로 해나갈 수 있기를 바란다. 책을 보고 가르치고 쓰는 것은 어디서나 할 수 있다. 하지만 아이가 스스로 배워 나가는 것은 어디서도 할 수가 없다. 긴 시간 동안 아이가 스스로 배움의 기쁨을 누릴 수 있게 도와주며 지켜볼 수 있는 것은 가정뿐이다. 아이들이 스스로 일어나 걸음마를 배울 때처럼 말이다. 우리는 그 눈부신 순간을 지켜봐 주지 않았던가. 이런 순간이 학습에서도 일어날 수 있기를 기대해 본다.

하루 30분 큰 소리로
읽고 말하게 하라

소리 내서
읽게 하라

아이들이 영어를 가장 처음 접하는 방법은 듣기다. 그렇다면 영어를 완성하는 마지막 방법은 무엇일까? 바로 말하기라고 생각한다. 자신의 생각을 영어로 말할 수 있는 것, 즉 의사소통이 가능한 상태 말이다. 그런데 영작까지는 가능한데 말하기에서 어려움을 겪는 아이들이 많다. 영어로 말을 하는 것이 너무나도 어색한 것이다. 그러다 보니 자기 목소리도 이상한 것 같다. 발음도 신경이 쓰인다. 인토네이션도 다 이상한 것만 같다.

이런 어색함을 극복하려면 오랜 시간 소리 내서 영어로 말하면 된다. 처음에는 많이 어색할 것이다. 하지만 그냥 계속 꾸준히 소리 내서 읽으면 된다.

소리 내서 읽는 것은 오래전부터 학습에서 많이 해오던 방식이다. 천자문을 소리 내서 외워본 경험은 누구에게나 있을 것이다. 수업시간에 일어나 큰 소리로 책을 읽어 본 경험도 누구에게나 있다. 소리 내서 읽는 것은 생각보다 효과가 좋다. 눈으로 소리 없이 읽을 때와는 또 다른 학습이 된다.

나는 블로그나 카페에 글을 쓰고 등록 버튼을 누르기 전 한번 소리 내서 읽어 본다. 분명 글로 쓰면서도 이상한 것을 느끼지 못했고 눈으로 읽을 때도 발견하지 못했는데 소리 내어 읽어 보면 어딘가 어색하고 이상한 문장이 있다. 왜 소리 내어 읽으면 문장의 구조가 맞고 틀린 것이 확연히 느껴질까?

이것은 영어에도 똑같이 적용된다. 그러니 자꾸 소리 내서 읽어 보아야 한다. 소리 내서 읽다 보면 더 집중하게 되고 문장의 구조가 더 정확하게 파악된다. 나는 소리 내서 읽는 공부를 적극적으로 추천한다. 엄마와 아이가 집에서 하기에 너무나도 좋은 방법이다. 읽기 어렵지 않은 책을 골라 아이와 30분씩 읽으면 된다.

읽으면서 아이가 모르는 단어를 물어보면 뜻을 가르쳐 줘도 되고 그냥 읽기만 해도 된다. 이렇게 책을 소리 내서 읽으면 더 집중하게 되고 잘못된 독서 습관이 들지도 않는다. 그리고 자신의 목소리를 들으며 읽다 보니 자연스럽게 발음도 좋아진다. 일부러 좋은 발음으로 읽기 위해 노력할 필요도 없다. 그저 읽다 보면 자연스럽게 발음이 좋아진다.

30분 동안 아이와 책을 읽었다면 아주 짧게 아이가 이해하는 만큼만 내용을 말해 달라고 하자. 처음에는 틀릴 수도 있고 앞부분을 말했다가 갑자기 뒷부분을 말하기도 하고 뒤죽박죽일 수도 있다. 그래도 고쳐 주지 말고 아이가 이야기하는 내용을 끝까지 다 들어주자. 궁금한 부분이 있다면 짧게 질문을 해도 되고 읽어 줘서 고맙다고 격려와 칭찬을 듬뿍 해 주면 된다.

영어 책 읽는 시간이 끝나면 칭찬 스티커 판에 스티커를 붙여서 아이로 하여금 스스로 얼마나 잘 읽고 있는지 매번 눈으로 확인하게 하는 것도 좋다. 하루 이틀 계속되면 아이는 스스로 읽는 즐거움에 빠지게 될 것이다.

어색함은 줄고
자신감은 커진다

소리 내어 책을 읽다 보면 아이들의 목소리가 점점 커지는 것을 느낄 수 있다. 자신의 목소리로 책을 읽다 보면 자신감이 늘어나기 때문이다. 이것은 성인의 경우도 마찬가지다. 사실 30분이라는 시간은 다른 공부 시간으로 생각해 보면 긴 시간은 아니지만 책을 소리 내서 읽다 보면 긴 시간처럼 느껴진다.

만약 이 시간이 너무 길어 힘들다면 처음에는 짧게 해도 좋다. 중요한 것은 소리 내어 읽는다는 것이다. 익숙해지면 조금씩 늘려나가자. 엄마와 아이가 서로 한 단락씩 읽는 것도 좋다. 아이가 책을 읽는 것에 익숙해지면 나중에 말하기가 자연스럽다. 자신이 말하는 것이 어색하지 않기 때문이다.

처음에는 무조건 얇고 쉬운 책으로 하자. 그래서 한 권을 금방 끝낼 수 있도록 하면 좋다. 그다음 몇 권도 그리 어렵지 않고 내용이 잘 이해되는 난이도로 고르자. 아이가 읽어나가는 재미가 생기기 때문이다. 신기하게 책을 소리 내어 읽으면 아이들이 더 잘 기억한다. 말하기 위해선 눈으로 봐야 하고 소리 내야 하며 말한 것을 또 귀로 들으며 여러 번 반복하게 되기 때문이다. 이것은 영어 공부에만 해당되는 것은 아니다. 한글 책도 소리 내서 읽으면 훨씬 더 이해가 잘되고 집중도 잘된다.

하루 30분이
생활을 바꾼다

하윤 엄마는 워킹맘이라 아이 공부를 많이 봐 주지 못했다. 일이 끝나고 집에 오면 아이는 이미 잠들어 있었다. 그런데 하윤이는 엄마와 애착관계가 좋아 보였다. 영어 실력도 좋았는데 학원을 다닌 적도 없다고 했다. 심지어 학습지 한번 시킨 적도 없다고 했다. 책을 많이 읽어 줬는지 물었는데 하윤 엄마의 대답을 듣고 나는 감동받았다.

"아침밖에 아이를 볼 수 없으니 그때 책을 읽어 주었어요. 동화책을 읽어 주기도 하고 영어책을 읽어 주기도 했어요."

하윤 엄마는 아침마다 책을 읽어 주면서 하윤이를 깨웠다고 했다. 하윤이는 일찍 자고 일찍 일어나는 아침형 아이라 숙제도 아침에 한다고 했다. 책을 읽어 주면서 깨운 뒤 밥 먹고 숙제하고 학교 가기 전까지 하윤이가 소리 내서 책을 읽는 시간을 가졌다고 했다.

"그 시간이 길지는 않았어요. 어떤 날은 한 장이나 두 장 읽기도 하고 어쩌다 시간이 있으면 좀더 읽기도 하고 그랬던 것 같아요."

하윤이는 초등학교에 들어가고 난 후 3년 동안 주말을 제외한 거의 매일 이런 아침을 맞이했던 것이다.

아이가 고학년이 되어서도 엄마가 책을 읽어 주면 정말 좋다. 아침 독서는 나도 꼭 해 보고 싶은 일 중 하나이다. 이 어려울 것도 없는 방법이 영어 실력을 크게 향상시킨다. 단어를 외울 필요도 없고 귀 기울여 잘 안 들리는 영어 문장을 듣기 위해 애 쓸 필요도 없다. 그저 아이들이 읽을 만한 수준의 책을 하루에 30분 정도 읽으면 된다. 그렇게 달라진 하루하루가 모인다면 아이의 생활도 달라지지 않을까?

· 05 ·

영어 습관을
들여라

작은 것부터
시작하자

아이들을 변화시키는 것은 순간의 엄청난 깨달음이나 자기반성이 아니다. 보통 어떤 큰 사건을 계기로 사람이 변하고 달라질 것이라 생각하지만 실상은 그렇지 않다. 물론 그럴 만큼 대단히 큰 사건도 있을 수 있겠으나 보통 사람을 변화시키는 것은 자신조차 인식하지 못하는 작은 습관이다. 일상의 힘은 생각보다 더 강하고 집요하다. 그에 비해 우리의 결심과 의지는 너무나 약하고 금세 잊힌다.

다이어트에 성공하기 위해서 비싼 헬스클럽에 등록하고 개인 PT를 신청한다고 해도 어지간히 독한 마음을 먹지 않은 이상 매일 열심히 운동하는 것은 어렵다. 그래서 헬스클럽은 월초에 사람이 많고 월말이 될수록 줄어든다고 한다. 그러니 영어도 독하게 마음먹고 이번 만큼은 죽어도 해내겠다 다짐하면 안 된다. 그렇게는 힘들다. 오히려 가벼운 마음으로 이것 하나만 해보자 싶은 선택이 우리를 성공으로 이끈다.

아이들에게 쉽고 가벼운 습관 하나부터 시작하게 하자. 엄마와 함께여도 좋고 아이가 혼자 할 수 있는 것이어도 좋다. 아이가 혼자 익혀나갈 습관이라면 그것을 상기할 수 있게 눈에 자주 보이게 해야 한다. 이제 아이의 하루 생활을 한번 살펴보자. 아이가 매일 빼먹지 않고 하는 것이 무엇인가? 아이가 아침형인가, 저녁형인가? 혹은 아이가 영어 습관을 들이기 위해 엄마가 해 줄 수 있는 것은 무엇인가? 아이와 함께 찾아보자.

그리고 하나를 정하면 그것을 매일 해낼 때마다 아이 스스로 확인할 수 있게 하자. 스티커도 좋고 구슬을 모아도 되고 돼지저금통에 동전을 모아도 좋다. 저금통이 무거워져서 꽉 차게 되면 아이가 습관이 충분히 들었다고 판단할 수 있을 것이다. 그럼 그날은 돼지 배를 가르고 좋은 영어 습관을 들인 것에 대한 보상을 해주자. 돼지가 무거워지는 것에 비례해서 아이는 스스로 해내고 있다는 성취감을 맛볼 수 있을 것이다. 아이는 보상의 기쁨에 한 발 더 나아가 기꺼이 새로운 영어 습관에 도전하게 될 것이다.

엄마는 아이가 점점 더 나아지고 있고 좋아지고 있다는 사실을 늘 상기시켜 주길 바란다. 왜냐하면 이런 습관이 일부분이 되어 학습적인 성과를 보이기 위해서는 시간이 필요하기 때문이다.

그런데 자존감이 낮은 아이의 경우 스스로에 대한 믿음이 부족하다. 그렇다 보니 매일 작은 습관을 들이기 위해 노력하는 것이 아무 소용이 없다는 생각을 하게 될 수 있다. 아이 스스로 그 변화를 느끼지 못하기 때문이다. 습관이 현실에서 힘을 발휘하기까지의 시간을 믿고 기다리기 힘든 것이다. 그러니 중간 중간 아이가 눈에 보이지 않는 변화에 낙담하고 속상해하지 않을 수 있게 엄마가 옆에서 격려하고 다독여 주어야 한다.

처음에는 엄마의 몫이 되겠지만 아이가 좋은 습관을 들일 때마다 자신에 대한 판단도 좋아질 것이다. 언젠가는 '나는 참 괜찮은 사람이구나' 하는 믿음이 스스로에게 생긴다면 그다음부터는 오히려 수월하게 갈 것이다.

과한 의욕은 오히려 독이 된다

처음에는 쉬운 습관 몇 가지를 들이는 것으로 시작하면 된다. 그다음에는 조금씩 난이도를 올려도 된다. 하지만 아이가 소화해낼 수 있는 양을 엄마와 아이가 함께 상의해서 정해야 한다. 특히 아이의 자존감이 낮을 경우 꼭 엄마가 개입해야 한다.

시험기간 내내 손에서 책을 놓지 못하는 아이 중에 공부를 못하는 친구들이 있다. 친구들이 놀러왔는데 공부하겠다고 하거나 밥 먹을 때도 손에서 책을 놓지 않는다거나 하는데, 아이가 불안해서 하는 행동들이다. 그런데 아이러니하게도 정작 공부는 하지 않는다. 이것 역시 불안해서 그렇다.

스스로에 대한 믿음이 없으니 공부를 잘해낼 수 없을 것이란 생각을 자꾸만 하게 되는 것이다. 나는 머리가 나쁘니 해도 안 될 것 같고 금세 다 까먹을 것 같다고 한다. 그랬는데 습관 몇 개를 자신의 것으로 만들고 나면 아이는 확 타오른다. 뭐든지 할 수 있을 것 같은 의욕이 넘친다. 이때를 조심해야 한다.

엄마들은 아이가 평소 크게 의욕도 없고 자신 없어 하다가 갑자기 열심히 하니 이때다 싶어 학습량을 확 늘리는 경우가 있다. 이해는 간다. 물 들어올 때 노 젓는다고, 아이가 그나마 하려고 할 때 조금이라도 더 들이붓고자 하는 것이다.

그런데 평소 공부를 하지 않던 아이가 의욕이 조금 생긴다고 해서 그 양을 소화할 리가 없다. 호기롭게 '해 보겠다', '할 수 있다' 소리 쳤지만 금새 마주치는 작은 어려움 앞에 아이는 확 주저앉고 만다. 그럼 아이는 자신에 대한 실망이 하나 더 늘어난다. 안 그래도 낮은 아이의 자존감은 더 떨어지기 위한 준비를 한다. 내가 이럴 줄 알았어.

내가 그렇지, 뭐. 의식의 흐름은 실패를 인정하고 받아들이지 못한다. 오히려 '처음부터 하고 싶지 않았고, 난 어차피 영어가 제일 싫어'라는 쪽으로 흘러간다. 자기 자신을 보호하기 위함이다. 자신에 대한 실망을 이런 식으로 덮어 버리는 것이다.

이러한 상황이 자꾸 반복되면 아이는 그것이 진짜라고 믿어 버린다. 그리고 그 믿음이 무엇이든 사람은 자신이 믿는 대로 자신을 몰고 간다.

그러니 아이가 이런 실수를 하지 않도록 엄마가 중간에서 개입해야 한다. 조금씩 아주 천천히 갈 수 있도록 말이다. 작은 습관을 잊지 않고 해나갈 수 있는 영어 환경을 만들어 주자. 작은 행동 습관들이 뿌리 내리면서 아이의 마음속에 나도 해내고 있다는 자존감이 점차 자리 잡게 될 것이다. 그렇게 되면 아이는 자신에게 조금 더 나은 평가와 믿음을 가지게 된다.

아침마다 화장실에 갈 때 문 앞에 적어 놓은 단어나 문장을 아침 내내 말해 보기로 할 수도 있다. 혹은 시간을 물어보고 대답할 때는 영어로 하는 것도 있다. 처음에는 시계 아래에 영어로 시간 표현하는 방법들을 붙여놓고 외워서 대답할 수 있는 정도가 되면 하나씩 떼어 내도 좋다. 중요한 것은 눈에 보여야 한다는 것이다.

눈에 보이면
하게 된다

'이제부터 일찍 일어나야지', '하루에 30분 운동해야지' 같은 막연한 것은 습관으로 만들기 힘들다. 계속 일깨워 줄 뭔가가 없기 때문이다. 알람을 맞추든지, 거울만 보이면 스쿼트를 20번 한다든지 이렇게 계속 일깨워 줄 무언가가 필요하다. 성인의 경우도 그러니 아이들의 경우는 어떻겠는가. 아이들은 더 직접적이고 눈에 보이는 무언가가 있어야 한다. 그래야 생각이 나고 행동으로 연결될 수 있다.

아이들이 무심결에 책을 읽을 수 있게 여기저기 책이 있어야 한다. '이제부터 책을 읽어 볼까' 하는 마음으로 방에 가서 책장에 꽂힌 책 중 어떤 책을 읽을지 고르고 뽑아서 읽어야 한다면 책을 쉽게 읽게 되지 않는다. 여기저기 간식이 손닿는 데 있으면 살이 찌기 쉽다. 무의식적으로 먹게 되기 때문이다. 습관이란 이런 것이다.

나는 하루에 물을 2리터씩 마시는 것이 좋다는 글을 보고 실천해 보기로 했는데 잘 되지 않았다. 물을 몇 잔 먹었는지도 모르겠고 어떨 때는 물을 마시기로 한 것 자체를 잊어버리기도 했다. 안 되겠다 싶어서 알람을 맞추었다. 알람이 울리면 무조건 물을 마시자 생각했다. 그런데 수업을 하다가 놓치고, 상담이 길어져서 잊어버리다 보니 이 또한 잘 지켜지지 않았다.

나는 최후의 방법으로 500mL짜리 생수를 몇 박스 샀다. 그리고 식탁 위와 책상 위, 신발장 위, 거실에 생수병을 몇 개씩 가져다가 놓았다. 그리고 눈에 보이면 물을 마셨다. 외출하려고 신발을 신다가 신발장 위에 있는 물병을 보면 챙겨서 나갔다. 빈 병은 집에 가지고 왔다. 아침마다 전날 먹은 빈 물병 4개를 재활용 박스에 넣으면서 내가 매일 물을 2리터씩 먹는다는 사실을 확인했다. 뿌듯했다.

특별하고 대단한 각성 없이 눈에 보이면 하게 된다. 집 안의 환경을 영어를 자꾸 접할 수 있는 환경으로 만들어 줘라. 대단할 필요는 없다. 엄마나 아빠가 영어 공부를 하고 있다면 온 가족을 위한 영어 단어 보드를 만들어서 복도나 거실 벽면, 또는 수시로 왔다 갔다 하는 화장실 문에 붙여 두자. 영어 원서도 쉽게 손닿는 곳에 돌아다니게 하자. 한 달 동안 신발장 거울에 명언을 붙여 놓는 것도 좋다. 신발을 신을 때마다 큰 소리로 읽게 하자. 큰 노력 없이 영어가 점점 더 친숙해지게 될 것이다.

06

영어를 할수록
세상이 재미있어진다

신선한 자극을
주어라

나는 요즘 공부하고 일하는 것이 재미있다. 내가 해오던 방식이 아닌 다른 방식을 접할 때 나는 재미를 느낀다. 예전에는 시도해 보지 못했던 방법들을 수업에 어떻게 적용시켜 볼지 고민하는 것도 재미있고, 전 세계 다른 선생님들은 어떻게 티칭하는지 찾아다니는 것도 재미있다. 각 나라별로 선생님들의 고충이 다 다른 것도 읽다 보면 재미있다. 시간이 맞아서 선생님들과 수다라도 떨게 되는 날은 대화를 마무리해야 할 때마다 얼마나 아쉬운지 모른다.

나는 우리 아이들에게도 이런 재미를 느끼게 해 주고 싶었다. 그렇지만 이렇게 영어로 재미를 느끼려면 노력이 필요하다. 지금 우리 아이들은 이 단계에 오기 위해 노력하고 있는 중이다. 새로운 사람과의 대화는 즐겁고 재미있다. 그런데 그 사람과 대화하기 위해 주어와 동사의 수와 인칭 따위를 생각해야 한다면 대화를 즐길 수 없다. 간단한 문장들이 무의식적으로 입에서 나올 수 있을 때가 되어서야 우리는 대화 내용에 주의를 기울일 수 있게 된다.

처음 아이들과 애니메이션 더빙을 시도해 보았을 때 아이들은 절반도 따라하지 못했다. 일단 잘 들리지도 않았다. 그렇다고 너무 짧은 단어만 있는 것을 시킬 수도 없었다. 어렵더라도 듣고 따라해 봐야 늘기 때문이다. 첫 영상을 어렵고 힘들게 완성하고 나서 한동안 아직은 아이들이 수준이 되지 않으니 다음에 해야겠다 생각했었는데 의외로 아이들이 자꾸만 하자고 했다. 애니메이션 더빙하는 시간 동안 즐겁게 놀며 신나게 했던 것도 아닌데 그랬다.

이런저런 시행착오를 거쳐서 이제는 꽤 괜찮은 방법을 찾아냈지만 그래도 아직은 갈 길이 멀다. 그래도 이런 시도는 계속 찾아보고 적용해 볼 생각이다.

아이들에게 더 넓은 세상이 있다는 것을 자꾸만 환기시켜 줘야 한다. 아이들에게 아무리 영어를 해야 하고 너희들이 살아가야 할 세상에는 영어가 필수가 된다 말해 줘도 다른 나라 사람들 이야기 정도로밖에는 받아들이지 않는다. 영어 선생님이 또 숙제 하나라도 더 내려고 이상한 소리한다는 식으로 받아들인다.

그런데 이게 한번 듣고 또 듣고 영어로 된 유머도 한번 보고 재미난 영상도 보는 작은 활동들이 더해지자 변화되는 모습이 보이기 시작했다.

테드 강연은 아직은 수업으로 끌어와서 하기엔 어려운 부분이 있었다. 오히려 영어로 된 재미있는 영상이 더 반응이 좋았다. 화면 내용도 재미있지만 들리는 대화도 친구들끼리의 간단한 생활영어인지라 조금 길긴 했어도 몇 번 끊어서 반복해 주니 결국에는 쉐도잉이 가능했다. 아이들은 신선한 자극을 좋아한다.

나는 생전 보지도 않던 유튜브인데 아이들과 수업에서 쓸 영상을 찾다 보니 이제는 구독 채널만 수십 개다. 그리고 사실 나 역시도 이런 변화가 즐겁고 재미있다.

영어를 할수록
기회가 많아진다

아이들이 조금이라도 더 영어에 흥미를 느끼게 한다는 것은 중요한 일이다. 중학생 정도만 돼도 영어를 할 수 있다는 것이 나중에 가지게 될 직업에 어떻게 힘이 되는지 이야기해 주면 눈이 반짝인다. 그래도 아이들이다 보니 그 마음이 오래 유지되지 못하기에 더 자주 알려 줘야 한다. 아이들이 하고 싶은 분야가 뭐가 되었든 영어가 그 세상을 더 깊고 넓게 만들어 줄 것이기 때문이다.

한국어는 전 세계에서 단 1퍼센트만이 사용한다. 영어를 사용하지 못한다면 우리 삶의 관계와 크기는 글로벌 시대에서 겨우 단 1퍼센트 안에서 이루어질 뿐이다. 안타깝지 않은가?

영어로 할 수 있는 일은 정말 많다. 세상과 소통하기도 쉬워지는데 이런 것들을 아무리 아이들에게 이야기해도 긍정적인 반응을 이끌어내기가 어렵다. 그도 그럴 것이 말만 들어서는 잘 모르기 때문이다. 내가 직접 겪어 보지 않으면 잘 모른다. 어떻게 해야 아이들이 이런 기분을 직접 느껴 볼 수 있을까?

언젠가는 아이들과 함께 비행기 티켓부터 여행 루트를 짜서 실행해 보고 싶단 계획을 세우고 있다. 그 전에 아이들이 외국 학생들과 이야기해 볼 수 있는 방법도 실행해 보려 한다. 여자아이들은 똑 부러지게 잘할 것 같은데 덩치만 큰 순둥이 남자아이들이 더 수줍어할 것만 같다. 이런 생각을 하면 나도 몰래 웃음이 나온다. 아이들을 빨리 세상으로 끌어내야겠다는 기대에 부풀어 오른다.

내가 아이들에게 이런 이야기를 하면 아이들이 눈을 둥그렇게 뜨며 언제 할 수 있는지 물어본다. "외국 친구들 누구요?" "몇 학년이요?" "그 애들은 뭘 배우는데요?" 궁금한 것이 산더미다. 나는 아이들에게 지금 너희들이 궁금해하는 말을 다 영어로 할 수 있을 때 해보자고 했다.

"그러니까 이런 재미난 수업을 하려면 너희들 영어 수준이 좀 올라야 하지 않겠어? 정작 외국 친구들하고 이야기 나눌 기회가 되었는데 더듬더듬 단어만 말할 수는 없잖아. 그러니까 각자 자기소개 정도는 영어로 멋지게 할 수 있도록 해 보자. 그거부터 시작할 거야."

아이들은 이번 겨울 방학을 목이 빠지게 기다리고 있다.

물꼬만 트이면 물길은 넓어진다

이제 막 알파벳을 외우기 시작하는 아이들은 영어로 글자를 확인하는 정도의 놀이밖에는 할 수 있는 것이 없다. 알파벳 음가나 글자를 노래로 부르고 간단한 파닉스 노래 정도만 한다. 그러다가 단어를 배우고 문장을 배우게 되면 이제 이야기의 세계로 들어갈 수 있다. 간단한 이야기와 짧은 모험들, 비교적 단순한 감정 라인들의 이야기지만 그전에 비하면 놀랄 만큼 재미있다. 조금 더 힘이 붙고 영어 능력이 올라가면 챕터북을 읽을 수 있다.

사실 아이들이 영어로 이 정도의 이야기책을 읽어 내는 수준이 되었다면 수월하게 아이들 스스로 해나갈 수 있다. 이미 영어가 재미있어졌기 때문이다. 여기까지 오기 위한 시간들이 오히려 어렵고 힘든 것이다. 아직 재미있기에는 영어가 어려운 기초 단계 말이다.

팝송으로 배우는 영어도 어느 정도 들려야 재미가 있다. 그리고 영어를 많이 읽어 보고 소리 내 봤어야 연음이나 축음 등을 따라 할 수 있다. 노래와 가사 내용까지 소화가 되면 최신 유행 팝송을 따라 부르게 되는 단계부터는 이제 재미가 있다. 하지만 그 전까지는 열심히 듣고 말하는 시간이 필요하다.

아직 아이들이 그 정도 수준은 안 되지만 나는 가끔씩 따라 할 수 있는 분량을 조절해서 조금씩 재미를 느끼게 해 준다. 더빙도 해 보고 노래도 해 보며 말이다. 아이들은 이런 비정규적 이벤트 같은 수업을 기다린다.

학습적 효과는 미흡하지만 이런 수업을 가끔 진행하는 데는 이유가 있다. 아이들이 영어를 바라보고 영어를 통해 원하는 것이 달라지기 때문이다. 전에는 그저 혼나지 않을 정도만 숙제를 했다. 작은 보상이 더해지면서 자신에 대한 긍정적인 평가가 반복되면 아이들은 스스로 영어를 잘해 보고 싶어진다.

이렇게 조금씩 원하는 것들이 달라지면서 눈에 보이는 것도 달라진다. 언젠가 선생님이 해 주셨던 영어를 잘하면 더 멋진 경험을 할 수 있다는 이야기들이 처음 들었을 때처럼 멀게 느껴지지 않는다. 관심 있는 부분과 영어를 연결시켜서 바라보게 된다.

물론 집에 돌아가는 길에는 또 다 잊어버릴 수도 있다. 하지만 반복적으로 듣고 보고 생각하다 보면 아이들은 그런 생각을 마음에 품게 된다. 작은 실행의 물꼬 하나만 트게 된다면 그 물길이 점점 넓어져서 언젠가는 더 넓은 세상으로 헤엄쳐 나갈 수 있을 것이다.

07

영어 실력이 올라갈수록
아이의 자존감도 올라간다

학습 성과와 자존감은
연결되어 있다

서현이는 초등학교 4학년인데 아직 알파벳을 모른다. 엄마는 서현이가 1학년일 때부터 학원에 갔는데 기초반에 1학년이 서현이밖에 없었다고 했다. 처음부터 언니, 오빠들과 공부했던 것이 서현이에게는 스트레스로 다가왔던 것 같다고 했다.

"그때는 그래도 영어를 곧잘 했던 것 같아요. 학원 다니는 게 너무 힘들다고 울며불며 안 가겠다고 한 이후로는 영어를 거들떠도 안 보더라고요."

서현 엄마는 아이가 스스로 하겠다고 할 때까지 기다려주려 했는데 학년이 올라갈수록 더 안 하려고만 한다고 걱정했다. 서현이를 데리고 이 학원 저 학원 돌아다녀 보았는데 알파벳부터 공부하는 기초반에 4학년은 없었다. 그렇다고 학년에 맞추어서 다니기에는 알파벳조차 다 모르기에 수업 자체를 따라갈 수 없었다.

아이들이 학교에 다니게 되면서 공부하는 학습의 성과는 자존감에 많은 영향을 준다. 그리고 아이들은 학교 안에서 스스로를 끊임없이 계속 평가하고 바라보는 연습을 하게 된다. 아이들은 서로에게 거침없이 판단을 내린다. 아직 표현 방법이 서툴기 때문이다. 성적이라는 결과로 판단당하고 비교당하면서 아이들은 자존감을 재정립하게 된다.

그런데 이 과정에서 단순하게 어떤 한 결과만 가지고 못한다는 평가를 꾸준히 받게 되면 자존감이 크게 상처를 입는다. 학교는 공부하는 곳이기 때문에 공부를 못하면 쓸모없는 아이로 스스로를 바라보게 되는 것이다. 그런데 가만 보면 영어가 다른 과목에 비해서 그런 영향을 더 크게 받는 경향이 있다.

한글이나 다른 과목은 아이들이 다 말을 잘하기 때문에 잘 드러나지 않는다. 글씨를 잘 쓰든 못 쓰든 크게 개의치 않는다. 하지만 영어의 경우는 다르다. 잘하는 아이는 너무 잘하고 문장도 술술 읽는다. 반면에 어떤 아이는 알파벳조차도 모른다. 아이는 자신이 잘 모르고 잘 못 읽는 것에 대해 부끄럽게 생각한다. 자존감이 떨어지는 것이다. 그런데 이 자존감은 아이의 전반적인 학습에 영향을 미친다. 영어 하나만 못해도 그 때문에 낮아진 자존감이 다른 학습에도 영향을 주게 되는 것이다.

서현이가 그랬다. 언젠가부터 싫어진 영어는 점점 더 어렵고 싫어졌다. 알파벳을 아직도 모른다는 이야기를 서현이는 몇 년째 들어왔다. 심지어 다른 학원에서는 들어갈 반조차 없다는 평가를 받았으니 아이가 느낀 실패감은 생각보다 컸다.

4학년이 되어도 알파벳을 모를 수 있다. 그럼 그때부터 하면 된다. 고학년이다 보니 어쩌면 저학년보다 학습 속도는 더 빠를 수도 있다. 그런데 아이들은 이미 패배감과 좌절감을 맛본 후이기 때문에 힘들고 재미없어한다. 낮아질 대로 낮아진 자존감이 아이의 학습을 방해하는 것이다.

학습 부진으로 인해 낮아진 자존감을 올리기 위해서는 빨리 공부를 해서 성적을 올리면 되는데 이게 그리 쉽게 이루어지지 않는다. 한번 아이 맘속에 '나는 못해'가 자리 잡으면 그다음부터는 조금만 실수를 해도 '거봐, 내가 이럴 줄 알았어'라는 식이 되기 때문이다. 무조건 "모르겠어요." "생각이 안 나요." "하기 싫어요."라고 말하는 아이들은 이 상태라고 생각하면 된다.

편하고 쉽게
조금씩

아이들마다 자신이 속한 무리에서 보이는 모습이 있다. 아이는 자신의 모습을 채 내보이기도 전에 무언가를 못하는 '쓸모없음'이라는 모습을 부여받은 것이다. 그깟 알파벳이 뭐라고. 아이도 자신이 그런 판단을 받았다는 것이 억울할 수도 있고 화나고 속상할 수도 있다. 그래서 나름대로 표현을 한다. 관심 없는 척 하거나 남자아이들 같은 경우는 심하게 장난을 치기도 한다.

서현이의 경우는 조용하고 완강한 거부였다. 일단 서현 엄마에게 비슷한 수준의 학년과 친구들이 모일 때까지 대기해 달라고 했다. 지금 이 상태로는 저학년 친구들과 기초반에 들어가든 레벨이 높은 동급생들과 같은 반에 들어가서 계속 패배감을 맛보든 둘 다 서현이에게 좋은 선택일 수가 없었기 때문이었다.

방학을 앞두고 서현이와 비슷한 수준의 친구들이 모였다. 충분한 인원이 다 모이지는 않았지만 일단 반을 만들고 수업을 시작했다. 아이들의 수준은 다들 비슷했다. 알파벳은 겨우 아는 정도고 대·소문자를 아직 연결하지 못하는 친구도 있었다. 제일 쉬운 것부터 해나가면서 규칙을 정했다.

틀려도 괜찮고 안 틀리는 것이 이상하니 편하게 하기로 했다. 엄마들에게는 시간이 걸리더라도 천천히 가겠다 이야기하고 동의를 받았다.

우리는 알파벳과 어휘 중심으로 수업을 했다. 듣고, 쓰고, 외우고, 큰 소리로 말해 보는 이 간단한 네 가지 방식을 쉬운 것 위주로 반복했다. 서현이는 나에게만 작게 말해 주는 것으로 말하기를 시작했다.

잘하는 친구들이 없으니 비교당할 일도 없고 나만 모른다고 기죽을 일도 없었다. 모르는 단어나 어려운 문장이 나올 일이 없었다. 이제 아이들 모두 어느 정도 외운 단어 카드가 쌓이기 시작했다. 알파벳은 생각보다 빨리 외웠다. 나는 더 오랜 시간이 걸릴 것이라 생각했는데 의외로 잘 따라와 주었다.

아이들 스스로 쉽게 느껴서 그렇다. 처음부터 아이들에게 목표치를 아주 작게 주었다. 외워야 할 단어들을 영어로 들려주고 짧은 영어 노래를 들었다. 그러고 나서 "시간이 남네. 그럼 우리 남는 시간에 요것만 더 해 보자." 하며 시간을 쪼개서 수업했다. 아이들은 어렵지 않으니 포기하고 그만두지 않았다. 그러다 보니 아주 조금씩이지만 진도를 나갈 수 있었다.

"선생님. 우리도 시험 봐요."

아이들이 어느 날 나에게 한 말이다.

276

"우리도 시험 봐요. 우리 이거 단어 다 외웠잖아요. 우리는 시험 안 봐요?"

아이들은 시험에 대해 나름대로 답답하고 속상했던 기억들을 가지고 있었다. 시험을 보고 다 맞는 친구들을 부러워하는 것이 느껴졌다. 이제는 자신들도 시험을 잘 볼 수 있을 것 같다는 자신감이 생긴 모양이었다.

"싫어. 너희 시험 보면 다 맞을 거잖아. 그럼 쌤이 너희들 간식 줘야 하잖아."

"아, 우리도 시험 봐요~!"

서현이는 늘 그렇듯 별다른 반응이 없었다.

"와, 아무도 내 편이 아니야. 서현아, 너도 시험 보고 싶어? 그래서 선생님한테 간식 달라고 할 거야?"

서현이는 조용히 웃으면서 고개를 끄덕였다. 나는 서현이의 긍정적인 반응을 오랫동안 기다렸다.

"좋아! 하지만 시험은 일주일에 딱 한 번만 볼 거야. 너희 너무 잘해서 자주 보면 선생님 간식 너희들이 다 먹어서 안 돼."

아이들은 환호성을 지르고 난리였다. 물론 시험 결과는 모두 백점이었다. 아이들은 다들 영어 천재가 되었다.

나는 아이들에게 내가 일본어를 공부했던 이야기를 해 줬다.

"일본어도 영어처럼 대문자, 소문자 같은 게 있는데 사실 쌤은 일본어를 지금 몇 년째 공부하는데도 자꾸 중간에 그만둬서 아직도 못

외웠어."

아이들은 나에게 천천히 쉬운 것부터 해보라고 했다. 나는 다음에는 꼭 그렇게 해보겠다고 답했다.

아이들의 비상을 응원한다

아이들이 학습에서의 문제로 자존감이 떨어졌다면 바로 그 부분에서 회복해야 한다. "공부는 못하지만 그림은 잘 그리잖아." 같은 식으로는 되지 않는다. 아이가 집에서는 다 잘한다고 하는데 학교에만 가면 의기소침해지는 경우가 있다. 이 경우는 아이가 주변에서 받는 판단에 따라서 행동과 자세가 변하는 것이다. 아무리 장난기 많은 개구쟁이라도 교회에 가서는 조용히 할 줄 아는 것처럼 말이다.

만약 아이가 공부를 하는 환경에서 많이 위축되었고 자존감이 내려가 있다면 가능한 한 그 환경에서 아이가 재평가받을 수 있는 기회를 주어야 한다. 그리고 아이에게 나아지고 있다고 계속 말해 줘야한다. 처음에는 잘 못했지만 지금은 꾸준히 해서 이렇게 잘하게 되었다고, 앞으로도 천천히 하더라도 꾸준히만 가면 된다고, 걱정하지 말라고 용기를 북돋워 줘야 한다. 그래야 아이가 자존감을 조금씩 회복해 나갈 수 있다.

나중에 어려운 것을 결국 해냈다는 부분에 많은 칭찬을 해 준다면 아이는 다음에 만나게 될 어려움 앞에서 오히려 더 담담하게 이겨 낼 수 있을지도 모른다.

나는 학창시절 배우는 지식도 중요하지만 자존감이 더 중요하다는 것을 아이들을 가르치면서 깨닫고 있다. 자존감이 떨어지고 불안한 아이는 똑같은 학습시간을 가지고 공부해도 결과가 좋지 않다. 스스로를 믿을 수 없어 계속 의심하게 되기 때문이다.

그래서 나는 무조건적인 선행이나 아이 수준에 맞지 않는 속도의 수업은 조심해야 한다고 생각한다. 아이가 살아가다 보면 실패는 어쩔 수 없이 겪어야 할 과정이다. 실패를 받아들이는 모습은 저마다 다르다. 이번에는 못했지만 노력하면 잘할 수 있다는 믿음을 가질 수 있도록 해야 한다.

영어 실력이 오르면 아이의 자존감도 오른다. 영어로 조금 더 새로운 경험을 해 보고 좀 더 넓은 세상을 볼 수 있다면 아이의 마음도 넓어질 것이다. 서두르지 말고 아이의 속도에 맞추어서 나아가면 된다. 아이는 자신을 믿고 영어의 날개를 달고 세상을 향해 멋지게 날아오를 수 있을 것이다. 모든 아이들의 세상을 향한 멋진 비상을 꿈꿔 본다.

초등 자존감을 높여주는 영어 공부법

초판 1쇄 인쇄 2020년 1월 8일
초판 1쇄 발행 2020년 1월 13일

지 은 이 박은미
펴 낸 이 권동희
펴 낸 곳 위닝북스
기   획 김도사
책임편집 김진주
디 자 인 이선영
마 케 팅 포민정

출판등록 제312-2012-000040호
주   소 경기도 성남시 분당구 백현로97 다운타운 2층 201호
전   화 070-4024-7286
이 메 일 no1_winningbooks@naver.com
홈페이지 www.wbooks.co.kr

ⓒ위닝북스(저자와 맺은 특약에 따라 검인을 생략합니다)
ISBN 979-11-6415-051-9 (03740)

이 도서의 국립중앙도서관 출판도서목록(CIP)은 서지정보유통지원시스템
홈페이지(http://seoji.nl.go.kr)와 국가자료공동목록시스템(http://www.nl.go.
kr/kolisnet)에서 이용하실 수 있습니다.(CIP제어번호: CIP2019053093)

위닝북스는 독자 여러분의 책에 관한 아이디어와 원고 투고를 설레는
마음으로 기다리고 있습니다. 책으로 엮기를 원하는 아이디어가 있으신 분은
이메일 no1_winningbooks@naver.com으로 간단한 개요와 취지, 연락처
등을 보내주세요. 망설이지 말고 문을 두드리세요. 꿈이 이루어집니다.

※ 책값은 뒤표지에 있습니다.
※ 잘못 만들어진 책은 구입하신 서점에서 교환해 드립니다.